U0898462

掌 控 时 间 才 能 改 变 生 活

世界トップリーダー1000人が実践する時間術

明天的你一定感谢今天的自己

时间掌控术

[日] 谷本有香◎著 罗建宏◎译

北京联合出版公司
Beijing United Publishing Co.,Ltd.

图书在版编目（CIP）数据

明天的你一定感谢今天的自己：时间掌控术 / (日)谷本有香著；罗建宏译. —北京：北京联合出版公司，2016.10

ISBN 978-7-5502-8622-1

Ⅰ. ①明… Ⅱ. ①谷… ②罗… Ⅲ. ①时间－管理－通俗读物 Ⅳ. ①C935-49

中国版本图书馆CIP数据核字(2016)第218954号

著作权合同登记号：图字01-2016-6860

明天的你一定感谢今天的自己：时间掌控术

作　　者：(日) 谷本有香
译　　者：罗建宏
出版统筹：精典博维
选题策划：曹伟涛
责任编辑：刘京华　夏应鹏
装帧设计：博雅工坊・肖杰/马延利

北京联合出版公司出版
（北京市西城区德外大街83号楼9层 100088）
北京雁林吉兆印刷有限公司印刷・新华书店经销
字数90千字　880毫米×1230毫米　1/32　5.25印张
2016年10月第1版　2016年10月第1次印刷
ISBN 978-7-5502-8622-1
定价：29.80元

目录

第 2 章

高端领导者支配时间的三个法则

第 3 章

让时间成为伙伴的七个方法

第 4 章

顶尖领导者亲授的六大高效时间术

控制了“时间”的人，才能成就“事业”

世界顶尖领导者是把 1 分钟作为 60 秒，1 小时作为 60 分钟，整个人生作为 30000 日来考虑的。

为了人生的目的“珍惜所有的瞬间”。

真正明白时间的价值，

抓住所有瞬间尽情享受人生吧，

今天能做的事情不要拖到明天.

——英国政治家菲利普·谢菲尔德

世界顶尖领导者是不会被时间所追赶的，因为，是他们在“支配”时间，而不是相反。

时间是稀少的资源。如果不能管理时间，
就不能管理任何其他事情。

——“管理学之父”彼得·德鲁克

世界顶尖领导者知道让时间成为伙伴的方法，
因此他们可以充分享受人生。

最忙的人拥有最多的时间。

——心理学家亚历山大·培因

作者序

初次见面，我是谷本有香。

感谢您阅读本书。

想必有的读者是第一次阅读我的作品，我简单地介绍一下我自己。

至今为止，我先后任职于证券公司、金融经济专业通讯社、彭博TV以及同样作为经济专业传媒的日经CNBC，担任主播及评论员。

在每天分析市场及经济动向，作出各种评论与预测之外，我偶尔作为“企业家之角”的负责人，作为主持人或讨论者也参与了许多国内外经济热点的访谈。

有时我也利用记者独有的视点，为企业谏言献策。

在这些活动中，我得以与许多世界名人——“顶尖领导者”见面，获得了直接与他们对话的机会。

在接受我采访的人当中有托尼·布莱尔（前英国首相）、霍华德·舒尔茨（星巴克公司董事长兼CEO）、吉姆·罗杰斯（个人投资者）、柳井正（第一雇佣董事长兼总经理）、永守重信（日本电产董事长兼总经理）等等，十年以来已超过1000人。

他们中有创业家、投资家、政治家、学者、专家……真的采访了许多的人。

在这本书中，被称为“顶尖领导者”的他们，拥有不同的头衔、国籍、年龄，充满了多样性。

Time is on my side，即时间是我的伙伴。

以时间作为舞台活跃其间的“顶尖领导者”们，有着一个共通点：对“时间”的看法。

比一般人更加忙碌的工作，比一般人更加“希望被见到”，比一般人更加“好学”的好奇心，使他们深刻认识到时间的重要性。

正是因为对自己有自信，所以他们有着这样的使命感，“（今后对于世界一定会有所作为的）自己时间如此重要，有着巨大的价值。时间是公平地赋予每个人的，必须有意义地使用才行”。为此，他们对于时间的态度有着惊人的相似。

那么，在这里，我们需要对各位提问：

Time is money，即时间就是金钱。

这句谚语意即“时间是与金钱同样重要的物品，必须要合理使用”。人们也常常这么说，但是事实上真的是这样的吗？

“顶尖领导者”们也是这样认为的吗？

现实中，用金钱是无法买到时间的，“稍微借我一点”，像这样从他人那里借取也是不可能的。

当然，通过雇佣有能力的人，乘坐出租车，或者使用便利的道具等手段，“缩短时间”是可行的，即通过“购买”的行为增加自己的可用时间是可能的。但是，这并不能构成类似“用 1 万日元就能购买 1 个小时”这样明码标价的交易。时间是不能像金钱一样，简单地进行交易的。

时间就和人的生命一样。某种意义上，它比金钱更有价值。

但是在他们看来，“支配时间的人是自己”。

“顶尖领导者”对于时间的态度，说得极端一些的话，用“time is on my side，即时间是我的伙伴”这个表达是再恰当不过了。

忙起来的话，我们是很容易被时间追赶而疲于奔命的。但是他们是绝不会被时间追赶到这个地步的。因为他们相信，“只有能够支配时间，并且让它成为自己伙伴的人，才能成就自己应该完成的使命”。他们已然超越了“time is Money”。

当然，他们并不是与生俱来就能这样思考的。

据我所知，很多的“顶尖领导者”在年轻时都有被时间追赶的经历，也正因为如此，他们也有“抱着死的心”工作的经历。也就是说他们与大家一样，在人生阶段中都有过这样的时期。

但是，仅仅只是应付眼前的“极限，即时间的追赶”，是不能够实现理想的。在某个时间点上他们意识到了这个问题。于是，他们进入了新的阶段：对 30 年后、50 年后，甚至像孙正义（软银集团的代表）一样，抱着对 300 年后的愿景，对人生进行倒推试算，“现在”应该干什么。

不仅从事业或者职业生涯方面，还从整个人生的视点全面地进行倒推试算。

牺牲家人，或者牺牲自己的健康，“顶尖领导者”在付出了这些代价的前提下，才达到了“time is on my side”的境界。

另外，“顶尖领导者”并没有那种忙碌的人特有的拼命感，或是悲壮感，而是在享受着眼前的“时间，即人生”的同时，有意识地使用时间。

比如，“顶尖领导者”认为乘坐出租车的移动时间是在“眺望街景收集信息”。

与经营伙伴进行午餐的时间，他们认为是“与长久交往的事业伙伴，构筑信赖关系的必要时间”。

像睡眠这样任何人都认为理所当然的时间，他们也会对其赋予如下意义：“为了将获取的信息植入大脑所需的时间”，“恢复精神以使得一早就能高效地展开工作所需的时间”。

对于他们而言，所有的瞬间都是通往目标道路上的一段路程。

因为没有浪费任何时间，所以使用时间时也就没有罪恶感。

根据上述论点不难看出，“顶尖领导者”是非常有“时间观念”的。“时间观念”是指对时间的感知度高，拥有敏锐的“时间感觉”。最近几年，关于时间术的书里常常用到这个词，很多人也许听说过这个词。

这种“时间观念”，与其说是与生俱来的潜在能力，不如说是后天培养得来的技能。也就是说，他们能够使得时间成为自己的伙伴，是通过努力和探索实现的。大家也可以通过努力达到他们这样的境界。

稍微介绍一下他们探索出来的办法吧。

他们在日常中将使用时间的单位变得更小，从而避免粗略地把控时间。

如果将1分钟换算成60秒，1小时换算成60分钟，1天换算成1440分钟，将人生换成30000天（寿命按照约82年计算），时间的长度并不会因为改变了计量单位而发生变化，但是时间的分量却会因此变得更具实感，从而使你对时间的感受比此前更加真实。

这样细微调整后的心态及技巧，使得他们具备了

“时间观念”。

本书——《时间掌控术》——记录了我在实际中领略到的关于“顶尖领导者”们“如何有意义地使用自己的时间，即时间的ROA（利润率）最大化”的方法。接下来将结合具体的例子，讲述他们使用时间的技巧。

第1章，学习“顶尖领导者”们将1分钟换算成60秒，1小时换算成60分钟，将人生换算成30000天这种“对于时间的态度”。

第2章，习得像他们一样为了“让时间成为自己伙伴”所必要的心态。

第3章、第4章，帮助阅读本书、身处一线的各位商务人士，迅速实践“消除时间浪费，进一步加速的方法”以及“对于时间变得更有意识的训练”。

不论是出于“消除自己时间的浪费”的需要，还是对于“世界顶尖领导者如何使用时间”感兴趣，都可以成为阅读本书的理由。

相信读完这本书后，大家对于“时间”的意识一定会发生彻底的改变。

“为了人生的目标，应该如何使用现在的时间”，关于自己时间的使用方法，想必开始思考这一问题时，大家都是欢欣雀跃的。

因为被时间所追赶，所以要让时间成为自己的伙伴。让我们一起窥探一下“顶尖领导者”们的大脑吧！

谷本有香

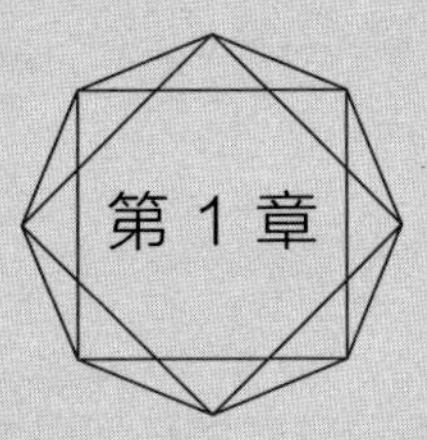

第 1 章

世界顶尖领导者把 1 分钟换算成 60 秒，1 小时换算成 60 分钟，将人生换算成 30000 天

你从来找不到时间做任何事情。

想要时间的话，你必须创造时间。

——哲学家查尔斯·巴克斯顿

不要“无意义的时间”，要意识到“这是用来干什么的时间”

不要总是忙碌地被时间追赶，而要支配时间，让时间成为自己的伙伴，将自己所拥有的时间用在有意义的事情上。在第1章，就让我们学习一下，他们为了让时间成为自己伙伴，到底有哪些最根本的想法吧！

不要有“浪费”的时间

最先想传递给大家的是顶尖领导者“没有任何时间浪费”的想法。“没有任何时间浪费”，并不意味着“顶尖领导者没有任何闲暇的时间”，或者“不休息”。

日常中，他们也与朋友喝酒谈天，与旧友参加聚会重温美好时光。特别是海外的顶尖领导者还常常与家人一起长期度假。

确实，与其他人相比，为了工作他们需要花费大量的时间。但他们也和普通人一样充分地享受着自己的人生。也就是说，并不能把闲暇或者度假等享受生活的时间划归到“浪费”的定义中去。因此，“消除浪费”并不是指“放弃享受人生，一味地投入工作”。

那么，让他们感到“浪费”的，究竟是怎样一种时间呢？

答案是，不自觉地用掉的无意义时间。

比如说，“苦恼于该干什么，结果 1 天就这么无所事事地过完了”。或者“事前没有确认会议内容，结果参加了会议，最后发现和自己没什么关系（然而已经出席了，也没办法了）”。

也许大家多多少少都有过这样的体会，这种从自己的支配中抽离出来的时间，我们把它定义为“浪费”。

时常意识到“现在是用来干什么的时间”

要消除时间的浪费，必须有“有意识”地使用时间的心态。更具体地来说就是时常意识到“现在是用于干什么的时间”。即使行动上与当下没有差异，只在想法上有所转变也是好的。

比如说，顶尖领导者将与家人一起休假作为“为工作恢复精力”，“通过分享快乐的时光，培养家人支持自己力量”的时间。

参加聚会，是为了“与长久交往的商业伙伴，构筑信赖关系”所必要的时间。

回家之后，一个人小酌几杯的放松时间，是为了“产生灵感与自己对话”的时间。就连睡觉的时间，也把它看做是“将获取的信息植入大脑所必要的时间”，“为了一早就能高效地进行工作所必要的休息时间”。

在普通人看来只是“休假”、“酒会”、“睡眠时间”这些一眼看上去没有意义的时间，他们也有意识地去赋予其意义。虽然有点事后找补的感觉，但是他们都是按照自己的意图去行动的，从结果来看就没有时间的浪费了。

时常意识到“现在是用来干什么的时间”，形成这种习惯之后，休息、饮酒、享受等各种普通行为的结果也会完全不同。

意识转变了，真正的浪费也就不复存在了

时常询问自己“现在是用来干什么的时间”，形成这样的习惯之后，就能真正消除“时间的浪费”。

比如参加聚会的时候，将其定义为“与商业伙伴构筑信赖关系的时间”，如果能与对方进行某种程度上有益的对话，那么参加聚会的目的就达到了。

那么再一次询问自己：“现在是用来干什么的时间？”。

在目的达成之后，是继续与其他的经营者谈笑风生，还是早点回家将时间用于与家人进行沟通，又或者是为了明天的工作将时间用于延长休息呢？

如果有关于自己的目标的其他最新信息，并且对此

十分熟稔的经营者也在聚会现场，那么可以继续参加聚会。因为从“人生的目标”这个较长的跨度来看，这是可遇不可求的机会。

如果继续参加聚会并不能获取其他有价值的信息，只是受制于现场的气氛而消磨时间，就不值得继续逗留了。早点回家陪伴家人，或者休息，才是“将时间用在只有现在能做的事情上”的更为明智的选择。顶尖领导者总是不停地在做“消除真正浪费的判断”。

越是被时间追赶的人，对时间的使用就越有罪恶感

奠定了这个心态，最终就能从使用时间产生的罪恶感中解放出来。“自己是在把时间用于有意义的事情上”，只要能这么思考，就不会被时间追赶。

遗憾的是，越是忙碌的人，就越容易为“时间被浪费了”而感到后悔。对于时间没有感觉，只是被眼前的工作追赶，被时间追赶，不管是把时间分配在了多么有意义的事情上，也只会后悔“就这么使用了时间”。

比如“在这么忙的时候居然睡着了！”，像这样只是

将时间用在了最基本的睡眠上，而感到后悔的人也是存在的。这都是因为缺乏“自己是在做应该做的，并且只有现在能做”这样对于时间的实感造成的。

如果对于自己使用时间的方法没有自信，即使有能力也只会徒然增加工作量罢了。

因此对于将自己定义为“能干好工作的人”的他们而言，只有工作的时间才不会让他们觉得有罪恶感。

甚至，因为具备一定能力而疲于应付一个接一个的工作。他们为了满足“自己的存在感”，会一直把工作接得“满满的”。

这样，好不容易拥有能够成就大事的能力，最终也只能沦为“干活儿的人”。每天埋头苦干，却无法获得满足感，最终身心俱疲。一直这样持续下去的话，他们终会“过劳死”—— 在忙碌中扼杀了自己的可能性。

首先，请像顶尖领导者一样，确定“人生的目标”。将人生所要追求的梦想，变成自己怀抱的愿景。

然后，要做到可以在瞬间判断现在应该做什么。这样，所有的瞬间都会成为通向目标道路上的一段路程。“理解现在应该干什么，因为正在做只有现在可以做的事情，所以没有任何时间的浪费”，这样就可以按照理想的方式去使用时间。

而使这些成为可能的，就是细微调整后的心态。

提高自己的时间价值，选择范围就会更广

自己的时间究竟价值多少?

让时间成为自己的伙伴，有一个必要条件，那就是“知道自己的时间究竟价值多少”。

单纯地谈论“时间的价值”，古今中外已经有许多人做过了。

比如“时间就是金钱”，稍微换一个角度来说的话，“少年易老学成难”“光阴似箭”这样的谚语也很多。

关于时间的重要性及有限性，大部分人想必只是在概念上有所了解罢了。

但是如果说到“自己的时间价值多少”，又如何呢？

不是单纯地将时间换算成金额，而是自己的时间价值“是比那个人高，还是比那个人低”，像这样去思考的人还是少数。

就算是有这样想法的人，大多数也是“比起他来（我的）年收入还是高一些”，“换成时薪的话有3000日元（150人民币左右），比那个人多”，类似这样将其他人赋予的价值看做时间本身价值的例子占了绝大多数。真正对于“自己时间的价值”有过思考的人是极为少见的。

作为“顶尖领导者”，他们对于“自己时间的价值”是了如指掌的。

说得更明确一些的话，他们对于“自己时间有着很高的价值”这一点认识深刻。

同样，他们对于自己的能力和眼光有着充分的自信，对于“自身的重要性”也非常认同。正因为他们有着优秀的能力，同时又渴望达成宏大的目标，所以他们确信“自己的时间”是有着非凡价值的。

正因为知道自己时间之宝贵，他们在必要的时候是能够“通过金钱去购买时间”的。

比如说，市内交通不是坐轻轨电车而是乘坐出租车，高铁的话必须选择高等级座位，飞机的话就选择头等舱。有时候即使是自掏腰包，他们也要用这种方式挤出时间来，这样的领导是很多的。

在投资界十分有名的一位人士断言道：“这样的投资是不可或缺的。”

对于能够加速事业的成本在所不惜

虽说通过选择不同的交通方式，某种程度上能够实现时间的缩短，但是如果选择高铁的头等舱或者高铁的高等级座位，时间成本和经济舱以及普通坐席都是一样的，他们为什么还要选择更高等级的坐席呢？

这是因为通过支付更高的金额，旅途中的疲劳感会有所降低，在到达目的地之后能够马上以最饱满的状态投入到工作当中。这项花费旨在移动之后能够保持自己的工作能力。

另外这种升舱的行为，使得遇见其他顶尖领导者的机会大大增加。在某种私人空间下，有时候共处的时间甚至会长达十几个小时，这正是构筑新的关系网络的宝贵机会。

不仅要根据成本而选择价格低廉的移动手段，而还要考虑到之后的商务活动，选择支付必要的成本以加速事业。

积极接纳那些具备自己之外才能的员工

像星巴克的创业者霍华德·舒尔茨一样，通过招募能力超群的员工，将自己擅长的领域之外“不必亲力亲为的工作”全权委托于他们。这样的领导也是很多的。

他在自己的著作中表示“积极引入那些拥有自己缺乏的知识及经验的优秀人才，是非常重要的”，这些话语中蕴藏着作为一个企业家的器量。

同时他也感叹道，至今接触到的企业家中，许多人由于对于自己的做法过于自信，而无法顺利接纳那些与自己不太投缘的员工。

这样的领导大概是无法成为“顶尖中的顶尖”的。

为了达成他们所倡导的宏大目标，充分发挥自己的能力，有必要将自己的所有时间用在只有自己才能完成的工作上。

如果有必要的话，产生多少费用也是在所不惜的。

因为他们有着这样的觉悟，所以是断然不会产生诸如“在这乘坐出租车会不会有点浪费啊”，或“不需要增加人手，只要自己再勉强撑一下就行了”这类想法的。

同时，他们不会产生丝毫的罪恶感，在认可了“这是必要的经费”之后，是可以为了挤出时间而花费一些金钱的。因为没有迷惑，所以也就没有了“烦恼”的时间。

讨厌“后悔”“烦恼”“借口”等词语

另外，因为比谁都更为清楚“自身时间价值之高”，所以会带着紧张感去考虑如何使用自己的时间。“现在是用来干什么的时间”这样的自我询问是伴随他们每一天的。

这样的话，“如此重要的时间，接下来自己要如何使用呢？”“这是真正必需的时间吗？”，诸如此类的问题他们会不由自主地一一进行审视和判断。

最终的结果是，他们会珍惜每一个瞬间地活下去。

这样的心境恐怕是那些认为“自己什么也干不了”，或“自己的时间没有什么大的价值”的人难以达到的。

他们只会认为，“因为可能会错过磋商的时间，不得已打了出租车”，或“增加人手有点奢侈了”。在各式各样的情况下，将“本来必要的花费”变成借口，或者总是后悔。

“后悔”也好，“烦恼”也罢，都是领导者们所讨厌的“被浪费的时间”。

如果不知道自己的时间的价值，就会产生时间的浪费（但事实上却不是浪费）。

关于自己时间的价值，请进行一次认真的审视与思考。过低或过高的评价都是十分危险的。

知道其正确的价值，并不断努力地去提高它的价值，这样的话，无论是事业还是人生，都会拥有更广的选择范围。

提高“自身重要性”，才能知道时间的重要性

自身重要性支撑着顶尖领导者的价值观

那么，顶尖领导者究竟是怎样确信“自己的价值”的呢？

能够感受到“自身时间价值之高”的人，与不能感知的人之间的差别就在于：

对于时间（看上去）进行着不自觉行为的人们，其对“自身重要性”的感知较低。

正因为没能找到自身时间的价值，所以就会产生“无所谓”的想法，进而将宝贵的时间都浪费在了无谓的事情上面。

笔者此处并无倡导精神论的意思，支撑他们的价值

观最为重要的基础，是其以往的努力。

比如说，为了成功完成某个重大项目，休息日也投入到工作中的经历；为了掌握工作所必需的知识拼命学习的经历；为了发展壮大公司甚至牺牲睡眠时间的经历等等。

这样的努力，以及所收获的成果和实际成绩，支撑着他们的“自身重要性”。

凭借其他人无法模仿、浸透血汗的努力，换来的是他人最终无法企及的成功，这样的经历使得他们自信，并日积月累不断提高他们的“自身重要性”。

只是简单地认为“自己是重要的人”，是毫无意义的。因为如果没有在过去扎实积累拼搏努力的经历，一旦认真地思考“为什么自己是如此重要”的时候，就无法找到能够说服自己的理由。

身边有没有值得尊敬的人

当然，有很多人自年轻时就认为自己有很高的“重要性”，能做到有意识地使用时间的领导者也是存在的。之前也提到，努力与实践的积累是培养自身重要性的关键，但也许有些人会有些例外。

这样的人除了通过磨练自身能力积累自信之外，还善于利用“标杆体制”，从20世纪50世代到60世代那些已经使时间成为伙伴的顶尖领导者身上学会如何珍惜时间。

特别是在一些中小企业中的年轻领导者们，由于公司内部缺少能够作为标杆的对象，他们就向自己所尊敬的商业领袖提出请求“请做我的指导者”。也有许多公司设有指导者制度，但希望大家不必被这些制度框架所束缚，虚心地向自己认为值得尊敬的指导者提出希望给予指导的请求。

虽然佐佐木俊尚（作家、评论家）曾就指导者的重要性有所论述，但年轻人总是容易陷入自己尚且年轻还有大把青春可以挥霍的错觉中。而领导者们通过实际工作所认识到的时间的重要性，也许会让你有着身临其境的真实感，直接向他们请教更易获取关于时间重要性的真知灼见。

将经历下架，使“自身重要性”接近实际状态

许多顶尖领导者在其幼年就时常受到母亲的鼓励，例如“你是能行的”。其实对于父母而言，也许这类话有些开玩笑的成分。

像孙正义，可以说就是这样的典型。他在许多访问中，都提到了母亲曾经“对他说过的话”。

这些都是具有正面意义的心理调控。

顶尖领导者们都是视野开阔、自信力强的人，他们抱着纯粹之心坚信“自己能够做到”，并且“只有自己能够做到”，于是在努力之后不断地获得成果。

这样的经历在年轻时，不是体现在工作方面，而是体现在诸如升学考试或者难度很大的资格考试当中。

不管努力的内涵实质究竟是什么，对于将努力的成果以及自信都纳入掌中的他们而言，在“自身重要性”方面是没有任何疑惑的。培养方式也是秘诀之一。

虽说如此，也有付出了浸透血汗的努力，并且收获了一定程度的成果，但却出于谦虚而“自我成就感”较低的例子。这是出于身边有着伟大的前辈，或者父辈过

于伟岸的情况，所以认为“自己的努力还远远不够”。

在这样的情况下，不管获得了怎样的实绩，又或者周围的人对自身实力如何认可，哪怕给予了“真是了不起啊”这样的评价，自身的感觉是不会有任何变化的。对于那些认为当前“自己还远远不足”的人而言，试着好好地整理一下自己的经历，相信是会有好处的。

也许是真的“还不够努力”，但如果能够认识到“自己有过这样努力的经历”，“虽然目前为止还不满意，但是实绩是确实增加了的”，那么对于“自身重要性”的感觉就会更加接近实际的情况。

提升“自身重要性”所必需的是真正的努力与实绩，还有对自己的认识。并且随着“自身重要性”的上升，自然会感觉到“自身时间价值之高”，对于时间的感觉也会更加清楚准确。

那么，终于要开始了。比谁都更为宝贵的你的时间，关于它更有意义的使用方法，请向顶尖领导者们学习吧！

30 岁以后的具体规划，是可以帮你选择现在应该做的事情的最短路线

拥有宏大的目标，现在应该做的事情也会明确化

将世界作为舞台而活跃着的顶尖领导者们，往往立足于 30 年之后、50 年之后的“人生目标”，来思考“现在”应该做的事情。

他们拥有预计数十年之后的广阔视野，转瞬之间就能将其作为目前选择的提示，“通往目标的最短路径是右边这条”，做出类似这样的判断（“最短”是一种比喻，“虽然不是捷径，接近理想目标的是左边这个”类似这样的判断也是有的）。

他们对于时间这种看不见的对象，具备“放大”和

“缩小”两种完全相反的视点，因此能够对其自由地加以使用。

“将时间放大”是指对于时间有意识地询问自己“这是用于什么的时间”。也可以认为是不管出于什么目的，用在了什么上面，最终都要把握其目的和意义。换言之，可以视其为在某个瞬间的“微观”视点。

“将时间缩小”是指面向自己所设定的“人生目标”，将自己的人生连成一条线，从高处对其进行俯瞰。

比如说，对于规划60岁要达到何种目标而目前是30岁的人而言，此时此刻正是回顾以往的时间节点。

将时间放大的时候，现在这个瞬间就是从诞生到目标为止的这条线的中间点。换言之，这是从各个广阔的角度对自己的时间进行眺望的“宏观”视点。

对时间“缩小”与“放大”，就是将人生视作一条线，用很长的跨度对其进行俯瞰，并且时常从“现在”这个时间节点对其进行回顾的感觉。

只有利他的愿景才能鼓动人心

说到“时间术”，很容易就会联想到“24小时应该如何使用”的微观视点，而顶尖领导者们对于1年、10年这样长的跨距的时间也是非常注重的。即使是“年”这样大的时间单位，最终也是由眼前的一个个瞬间积累起来的，希望读者朋友们对于这一点有新的认识。

正是因为有着这样的时间感觉，他们不会从短期视野去看待事物，自然也就没有“只要现在混得过去”这样自暴自弃的想法和行为。另外，因为不会对未来有太多的迷茫和不安，所以也不会有过于保守以回避风险的行为。

这样一来，要做到与顶尖领导者们一样，有效地利用时间，必须拥有对于未来的宏大目标及与其相适应的“视野”。只要掌握与他们一样的时间使用方法，就能实现自己的梦想。

请去看看顶尖领导者们的成功范例吧。虽然也有类似“是先有鸡，还是先有蛋”的争论，但是他们的人生正是这种时间术所带来的成果。

虽然如此，说到“30年之后的规划”，也许很多人会觉得“那么遥远的事情怎么能知道啊”。

诚然，当今时代的变化是迅猛的，事业发展也是如此。随着今后科技的发展，时代的变化想必会进一步加速。身处这样的时代当中，“怀抱30年之后的规划”，确实会使人感到力不从心。

但是，那些知名的顶尖领导者们，他们毫不胆怯地标榜着自己30年甚至50年之后的愿景。

比如说日本电产的开创者永守重信就谈到，“我常常将‘时间第一’作为目标，为了1000年之后的繁荣，必须创立强大的公司”，并提及立足于100年之后强有力的规划。

这是一种“规划力”，即对于未来的预测能力十分优秀。

对于未来的愿景毫无疑问将成为提高自身的动力，比如说“为了创造更好的未来而工作”，类似这种利他的愿景，能够更加强有力地鼓舞人心。

本来，只要是具备某种程度能力的人，很容易在人生较早的阶段赚到钱或者被人认为成功等等。“想要赚更多的钱”“想要收获被别人羡慕的成功”等利己的目标，对于真正的顶尖领导者来说，以之作为他们人生追求的梦想，就显得有些小气了。

孙正义所倡导的“300 年愿景”的意义

虽然上面讲了这么多，“愿景”归根结底还是本人心中的构想，其中一部分是像梦想一样的东西。软银的孙正义就是一个很好的例子。

他开创 Unison World（软银的前身）之时，就已经提出了“30 年愿景”的构想，在早会上面对自己以外仅有的两名员工时，他侃侃而谈：“要打造 10 年营收 500 亿日元的公司。”由于这个过于宏大的愿景与当时公司的规模和实际情况相距甚远，两名仅有的员工在工作数周之后相继离职，实在是令人遗憾。

就是这样的孙正义，现在所倡导的愿景居然是以 300 年为单位的。

几年前，在“以数码技术挑战世界”的口号下，在对 300 年之后人类的生活状态以及技术发展进行了彻底的论证之后，孙正义以此为根据提出了“新30年愿景”。300年是很远以后了，提出构想的孙正义本人尚且无法得知其是否正确，在他麾下工作的公司成员们更是如此。

即使如此，“30年之后的未来，将会实现这样的事情”，抱着这样的愿望，描绘通向这一目标的具体路径，也是极有意义的事情。“从目标来看，现在自己处于哪个阶段”，通过视角的缩小与放大，就能在短时间内把握现在应该做的事情。

越是危机的时候，越需要用强大的愿景掌控自己的内心

说到“愿景”，星巴克的霍华德·舒尔茨的经典名言是不容错过的。他在星巴克经营困难的时候向员工说道，“现在是经营最困难的时候，但是我仍具有继续发展壮大星巴克的志向。因为有愿景，所以请安心地跟着我干”，之后他详细阐述了自己的规划与愿景。通过自己的愿景，他抓住了员工的心。

在这之后，经营状况果然如其所言成功扭转，直到

现在星巴克在全世界范围内受到热捧。

即使是危机到来之时，只要领导者们对于未来所阐述的愿景足够明确，那么员工就会跟随他们的脚步。不仅如此，“让我们一起努力重振公司”，像这样使员工心态朝向积极转变也是可能的。培养能够为实现自己目标而发挥最大效能的部下，是顶尖领导者所实践的时间术之一。

这是因为来自周围的支持越多，那么纯粹用于发挥自身能力的时间也会增加。值得信赖的人脉以及媒介，就会成为时间的优秀“指针材料”。

他们倡导各自愿景的时期虽然不尽一致，但大多数人从儿时开始就抱有时代开拓者的印象，同时对人生目标也有思考。与孙正义的《坂本龙马》类似，很多例子都是将历史上的人物与自己进行重合比较，进一步充实、丰富自己的构想。

其中，像优衣库的柳井正那样，随着视野逐步宽广，一步步培养自身规划愿景能力的优秀领导者也是存在的。但总体来看，这样的例子还是比较罕见。

用长期的视野致力于“现在”是非常重要的

作为一个接触过颇多领导者的人，我的意见是，“愿景规划越早越好”。虽然这也是理所当然的事情，趁着年轻早做准备的话，朝着更大的梦想努力，最终实现的可能性更大。

顺便提一下，在网络事业的世界中活跃着的被称为“新贵”的领导者当中，拥有短期视野的人很多。

确实，他们在瞬间就能赚取几十亿日元的金钱。这也可算是一种成功，我并没有贬低他们的意思。但 10 年后、20 年后，他们所铸就的事业还会有几分保留下来？他们是否对于社会，还保有与现在同样的影响力？这些恐怕都很难说。

幸运的是，他们中的大多数都尚且是年轻人。今后，运用之前的经验，构想 30 年、50 年之后的事还是很有可能的。

等到他们拥有了长期的视野，也能够致力于眼前的每一个“瞬间”的时候，他们同样可以让时间成为自己的伙伴。直到那个时候，才是他们真正发挥本领的时候，难道不是吗？

【小专栏】

早上听一曲古典音乐，可以提高注意力

顶尖领导者总是通过有意识地放松自己来维持高效率的状态。“现在是用来干什么的时间”，类似这样对时间赋予意义的行为已经成为习惯，不会因为“工作堆积了这么多，休息的话有些不好意思”这样的原因而产生罪恶感。他们熟知自己何时该休息，休息多久工作效率可以得到恢复。所以不会出现由于上述原因产生的时间浪费。

关于提高注意力，斯坦福大学发表了有趣的实验结果。对不同的学生分别灌输“注意力是可以靠自己主观意志控制的”或“注意力是有界限的”，然后给他们布置了需要相当注意力的作业，并对他们的表现进行比较，结果显示：他们在注意力的持续时间上存在差异。这说明，对于注意力的看法和信念可以左右注意力的实际界限。一般认为，“注意力的持续是以分钟为界限的”，很有可能这种一般论缩短了我们注意力的持续时间。

关于顶尖领导者的积极思考方式，本篇也多次提及

过，他们对于“自己的信任力”，比一般人要强得多。因为相信“自己可以长时间集中注意力”，所以他们比一般人更能长时间保持高效的状态。大家尽量不要想着“90分钟了，稍微休息一下”，而应逐渐培养对自己状态的敏感度，做到只在需要休息以恢复集中注意力时再休息。

放松的目的在于让大脑与身体得到休息，所以干什么都是可以的。通过冥想、午睡等方式，在短时间内使得大脑状态得到恢复，这样的领导者也是很多的。其中，利用5分钟左右的休息时间，通过听自己喜欢的音乐加以放松的领导者也是有的。其实音乐本身就具有提高注意力的作用。但并不是说所有的音乐都具备这种功能。在古典音乐中，像莫扎特的曲子，就具有让大脑放松、提高注意力的作用。这是在京都大学与哈佛大学的共同研究中得到验证的。

所谓的“阿尔法波音乐”，很多人将其作为“工作时的背景音乐”，如果你感兴趣的话，可以试一试。在工作开始前听一听，或者休息放松时听一听。5分钟正确的休息时间，将会极大地左右之后的工作效率。

高端领导者支配时间的三个法则

得时间者得万物。

——英国政治家本杰明·迪斯雷利

同时行动，“缩短”时间

在第 1 章中，我们学习了顶尖领导者为了让时间成为自己的伙伴，是采用何种姿态与时间进行交往的，以及他们对于时间最基本的思考方式。

主要是以下 3 点：

• 对目前时间的使用赋予意义。

•“提高自身重要性”，充分意识到自己时间的价值。

• 提出对将来的规划，以此为根据对当下的瞬间做出选择。

理解了这些，大家对于顶尖领导者关于时间的思考方式，基础就打牢了。

第 2 章，将会进一步介绍只有顶尖领导者才知道的

“时间使用说明书”。时间的本质究竟是怎样的存在，也许至今为止，它只是在眼前匆匆流逝，有时还把你逼迫得够呛。学完本章，相信你就能更加自在地控制它了。

顶尖领导者的时间如此密集的秘密所在

对于顶尖领导者而言，时间是可以自由伸缩的。

他们可以把 1 分钟变成 10 分钟，24 小时变成 48 小时。“使时间发生伸缩”一方面意味着工作效率的提升，另一方面则意味着同时进行多项工作，使时间的密度增加。

当然，并不是“A 只过了 1 分钟，B 却过了 2 分钟”这样魔法般的方法。但是，通过灵活自由地伸缩时间，是可以实现“A 需要 2 分钟完成的工作，B 只要 1 分钟就够了”。这样，顶尖领导者的时间就会渐渐变得密集。

具体的方法在第 3 章和第 4 章会加以介绍，比如说一边吃饭一边进行午餐会，本来只是吃饭的 1 个小时也可以进行会议，时间的密度一下子就上升了。

移动中在车内回复邮件，虽然只有短短数分钟，但可以避免使时间成为“仅用于移动的时间”或者“仅回复邮件的时间”。

把多项行动组合在一起“同时”进行，在伸缩时间、谋求效率化方面，是一种代表性的方法。

另外，使用各种小道具，也可以将目前为止30分钟的工作缩短到10分钟。例如雇佣员工，将工作委派给有能力的员工，这样自己可以自由使用的时间就增加了。

顶尖领导者中短眠者很多的原因

顶尖领导者当中只进行短时间睡眠的“短眠者”很多，这既是向大家推荐的方法，也是事实。

“因为要做的事情很多，所以睡眠留到死了之后也行”，“因为过于欢欣雀跃，所以没有休息的时间”，像这样语不惊人死不休的发言者是很多的。

非常极端的短眠者，我所能够想到的是粟井英朗（富士山品牌水的董事长）。他是“21点睡觉，23点起床”坚持2小时睡眠的强者。

“短时间睡眠也能够保持自由活动的身心”。本来，身体素质这样强健的人也是有的，但是我认为他们是通过训练来获得这种技巧的。

本来，他们就是比一般人工作量多出一倍的大忙人。年轻时，他们在比现在还要密集的日程当中，为了做出成果想必也是拼命工作的。

因此，为了在现实中使自己活动的时间能够增加，只有削减睡眠的时间。

“时间可以自由伸缩”不是精神论，也不是完全自我的感觉。为了挤出时间，物也好，人也好，金钱也罢，充分利用自己的身体，经过多年的辛苦工作达到真正效率化，正是顶尖领导者的经验做法。

通过倒推试算实现人生目标的设想

他们这样思考，并且坚决行动，是因为他们对于看不见的时间这个对象，拥有“放大”“缩小”两种完全相反的视点，并且能够自如地根据情况使用不同视点。如

第1章中所述，设定人生的目标，对其用很长的跨度进行审视，常常站在“当下”的位置对过去进行回顾。

他们并不仅仅为了节约时间，还为了结果能够充分成型，将精力注入现在应该做的事情当中，通过“伸缩自己的时间”以挤出时间来。

关于将人生目标作为具体的规划进行思考描摹的重要性，前面已经写过，即当下的这个瞬间“从目标出发处于哪个阶段”的宏观视点，以及“现在是用于什么的时间”的微观视点。除此以外，通往目标的道路应该如何铺就，也是十分必要的。

比如说，抱着“60岁之前自己的公司通过开发A商品，让世界更加富裕”这样志向的30岁商业人士大有人在。这种情况下，35岁之前提升部门内部的实绩，40岁之前到达××的位置，45岁之前建立××关系，50岁之前取得××领域的成果，让公司认可商品的开发。

上述只是非常粗略的路线设定，即使只是这种程度的设想，普通人也少有能做到。

未来的顶尖领导者实际上设定着更为具体而明确的人生设想。

比如30岁左右对于未来有着高远志向的顶尖领导者，从人生的终极目标进行倒推，就会有下面的设想。

- 作为大前提，60岁之前成为领导者，或者成为有权限开发商品A的人，自己必须有很大的晋升才行。

↓

- 为了能在60岁之前当上社长，50岁至少应该成为董事。

↓

- 为此，40岁之前必须成为执行董事。

↓

- 那么，30岁时要在同期当中取得名列前茅的成绩。如果未能做到，那么最后的晋升就会推迟。

↓

- 为了确实能够得到晋升，简而言之就是必须在“同期”中做到第一，可通过数字量化来实现，它是能够明确得到评价的形式，是保留成果效力的最佳途径。

↓

- 在目前的部门当中，怎样才能取得“第一”呢？

以上就是他们通往高层道路上的一连串设想。

另外，开发商品 A 所需晋升以外的事情，同样需要倒推试算。

· 作为大前提，开发商品 A，必须掌握商品开发相关的专业知识及技术。

↓

· 为了获得商品开发的高层权限，必须拥有被任命为这个领域负责人的相关成果。

↓

· 为了和相关部门合作顺利，应该和 ×× 部门的 ×× 进行交往沟通，构筑信赖关系。

↓

· 为了进行商品开发，相关的股东是 ×× 先生、×× 女士。为了与他们搭建关系，何时以何种方式接触比较好？

↓

· 作为商品开发的专家，现在需要获得哪些资格认证，对这些方面进行信息搜集。

↓

· 年轻时，除了商品开发的知识，营销以及广告促销等知识也要一并学习。

做出这些假设后，30 岁的现在，几年以内必须实现的事情，都可以梳理出来，如“在现在所处部门中作出明确可以使自己成为第一的成果”，“搜集信息，获得必要的资格认证”，“对营销和广宣促销知识进行学习”。

这样的话，如果有“既可以学习营销和广宣促销，又可以与同期拉开差距能明确量化的项目”，可以自己主动提出“请交给我”。通过对目标的倒推，现在这个瞬间应该做的事情就能梳理出来，这样行动时也不会有犹豫或者时间的浪费。

虽说如此，很多的顶尖领导者处理这些事情时十分灵活。在进行这样的设想时，并不固执于自己的思考方式。

虽然通往目标的道路上，他们的人生被描绘成一条路径，但是在这个技术进步十分迅猛的时代，完全按照 30 年前的设定前行的亦是少数。

他们为了正确地筛选出现在应该做什么，认为信息收集、及时适当修正预设的路线也很重要。

通过缩小和放大时间，从人生这一漫长的时间跨度和当下的瞬间这两个方面对路线进行修正，就可以避免“由于固执于最初的计划，使得梦想的实现推迟了”的情况。这在日常工作中也是适用的。根据正确的信息，在短时间内做出正确的判断，坚持这样的处事方法，是高效推进事业发展的秘诀。

即使是史蒂夫·乔布斯也深有感触的时间有限性

顶尖领导者在经过逼近极限的伸缩之后，通过高效地利用，时间可以达到普通人好几倍的密度。即便如此，任何人也绝无可能生存200年。在这个意义上，时间的有限性对于任何人都是平等的。

苹果的创始人史蒂夫·乔布斯曾经在斯坦福大学演讲时说过，“人生在世时间是有限的，可以真正全力以赴地为真正重要的事情去付出的机会，大概只有那么2、3个”。乔布斯本人已经是一个非常强悍的顶尖领导者了，即使对于他而言，人生能够致力于其中的伟大事业也不过2、3个。

这是关于时间的有限性，值得大家重新思考的话语。也请大家自由地伸缩自己的时间，为了自己的大事获得更多能够使用的时间吧。

运用小道具和小单位来支配“时间”

如何将无形的“时间”变得可视化

至今为止我们一直在说如何让“时间成为自己的伙伴”，在本小节，我们将说得更加强硬一些，即顶尖领导者，是可以“支配”时间的。

“时间并不总是径自溜走的，而是可以为自己所掌控的”这段文字所体现的是掌控时间的态度。“时间管理”“日程管理”等词语都太过平常，换成“支配”会更好理解。

在这里要用更加强硬的表达方式，是有原因的。

因为，顶尖领导者真的是在随心所欲地操控着时间。

比如说，本来时间是无形不可见的，但他们却能使之变得有形而可视化。具体的方法会在第4章进行叙述。

他们中的大多数不仅通过互联网的云端手段管理日程，同时也随身携带着“记事本”。

既有使用可以俯瞰1个月日程的月度手写日程本的人，也有自己制作可以将1天24小时全部细化的时间日程表的人。

他们当中，使用指针型手表的人要比数码型的更多。这么多年的采访过程中，我从未遇见过使用数码型手表的顶尖领导者。

更深入一些的话，在指针型钟表中，也有喜欢使用怀表的人。安宅和人（雅虎CSO）就是其中之一。以前，在接受杂志采访时他曾说过，“指针型的手表，直观地将‘过去的时间’以及‘剩下的时间’表现出来了，这样可以更好地把握时间。可以瞬间显示‘现在是什么时间’的数码电子表是不具备怀表的这些特性的”。

这些工具的共同点在于，“时间的长度和流逝可以一眼判明”，容易形成大致的印象。

也就是说，他们有意识地使时间变得“可视化”，使自己对于时间的感觉更为精确，并且为了能够更加实在地感知时间而选取小的单位进行衡量。

为了切实感受时间，使用更小的时间单位

另外，他们不是用1个小时而是用“60分钟”，不是用1分钟而是用“60秒”来表示同样的时间概念。虽然1小时和60分钟的长度是完全一样的，但是将时间用更小的单位来表示，时间本身的长度和实际存在感都会更加真切。

平时很少有使用这种方法的人，但是将1天用“1440分钟”来表示，想必更能体会到它的有限性。如果只是粗略地将其用1天来表示，就会认为“既然有那么长的时间，什么都是可以完成的”。1天其实是由1分1秒积累而成的。

当然，可行与不可行的事情都是存在的，因此必须细查到“现在必须做的”这种程度，否则越是忙碌的人越容易超出他们的工作容量，并陷入恐慌当中。

反过来说也是成立的。对于那些把时间用“1个小时”这样大的单位来把握的人而言，5分钟、10分钟

只是一个“尾数”。尾数的时间会让人觉得做不成什么事，最终导致这些短暂的时间什么也没完成就度过了。

比如说，将会议时间设定为“1 个小时”，那么脑中的印象就会是“大概 1 个小时”，这样对于时间的感觉就已然变得模糊。为此，给会议时间加上备注：超时 5 分钟是可以接受的。

如果与会人员讨论十分激烈，真的超过了 5 分钟，自然另当别论，但是很多情况下，超时实际上是由于大家对此没有自我觉察。甚至，很多人对于 5 分钟的浪费不以为意。

这些浪费掉的数分钟时间，很多原本可以用来做重要的事情，结果总的时间却在不知不觉中减少。反过来，不再使用大的单位来把握时间，就可以减少时间的浪费，使用零碎时间完成某些工作的可能性也会大幅增加。

通过切实地感受时间，时间本身的容量将会变得更大。

自己的最佳状态何时能得到发挥

要达到像顶尖领导者那样，灵活使用数分钟乃至数秒钟，最后得以支配时间，要点在于：把握全部的工作时间。他们会评估自己完成每项工作所需的时间，在全面的基础上，编制没有空隙的日程，按照敲定的日程开展行动。

比如说，通勤时间从出门到进公司需要35分钟，回一封邮件需要3分钟，制作一份项目企划书需要120分钟等等。

不只限于工作内容。立食的荞麦面午餐需要15分钟，和同事一起去定食餐馆的时间是40分钟，回家洗澡的时间是20分钟，对身体最好的睡眠时间是360分钟（6小时），工作以外的事情，以及个人事务上每天需要花费多少时间，这些都应花时间好好计算一下。

此外，自己在能够完全集中注意力的环境下工作时间可以缩短多少，请结合最佳效率进行比较。

换个键盘也许就能缩短回复邮件的时间，制作需要120分钟的企划书，在没有电话拨入的情况下，90分钟或许就能完成。知道完成工作所需的时间，可以进一步减少日程的浪费，进而避免模糊性地预估时间导致的日程松散。

延迟交货的时间，是剥夺其他人时间的行为。顶尖领导者异常重视时间的宝贵性，因此绝不会浪费他人的时间。

提高时间价值容易遗漏的优点

虽然是玩笑，但是他们绝对不会迟到，也不会比约定的会面时间早到。

当然，先到的话可以迎接对方，对于交涉也会比较有利。如果确有这种意图，该另当别论。

一般情况下，只需要做到“不失礼于人”，按时到达就行。但因为他们的时间价值比我们要高，所以可以认为这是理所当然的。

我采访过的顶尖领导者们，大多在约定的时间点才会到达现场，并且在“15 分钟”的指定时间内完成采访，然后又风尘仆仆地赶往下一个地点。

因此，对于像哈佛大学的迈克尔·桑德尔教授这样，在我提出“能不能再问您一个问题”之后，他同意稍微延长几分钟时间，会给人留下“具有人格魅力者”的印象。

如果谁都认为某个人是“大忙人”，“他的时间价值很高”，同时他又具有细微的体谅之心，那么一定会给人以很好的印象。因此，我想把这一点也作为提高时间价值的一个小优点告诉大家。

欲制服敌人必须了解敌人，研究敌人。

要想制服时间，让它成为你的伙伴，首先必须对时间的流动以及某件事情必须花费的时间有非常敏锐的感觉。能做到这两点，你离自由地操控时间，就又进了一步。

创造什么也不做的时间是一种“投资”

今天的缓冲将来会变成数倍的利息返回给你

我所知的顶尖领导中，是没人会浪费 1 秒钟的。

这么说来，不管他们在“支配”时间方面处于何种地位，不少人印象中认为他们都是十分忙碌的。实际上，他们要做的事情确实很多，非常忙碌，平时都是按照精确到分的日程来工作的。

向顶尖领导者申请采访，只能获得“15 分钟”这样非常短暂的时间是常有的事。他们的时间没有太多余地，某种意义上而言也是事实。

虽说如此，善于各种事务的他们对于“投资”的必要性深知其意义所在。为了增加金钱，不能只靠拼命工作，赚取工资。将赚来的工资合理投资，让金钱“本身去工作”，是非常有效率的增加金钱的方法。这也同样适用于时间。

投资本来就是“利用闲钱进行的行为”，而他们手上却没有闲置的时间。因此，他们需要在异常忙碌的日程中，挤出作为“缓冲”的时间。

越是忙碌的时候，就越要创造“什么也不做的时间”。这就是他们所思考的“对于未来的投资”。

“什么都不干的时间”，对他们而言即是可以进行创造性思维的时间，或者休闲的时间。只要脱离了眼前的工作，整理获得的信息资料，将A和B的信息进行整合等，就会得到富有变革性的想法。这可以视之为纯粹为了等待商业灵感降临的时间。

阅读与专业无关的书，观看电影，增加其他的知识，感受潮流的趋势，有各种各样的方式和途径。

因为不需要动手，也没有事先安排好的必须推进的业务，因此可能会觉得效率变低了。

但是，缓冲的时间中获得的想法，未来肯定会一直存在下去。现在花费1个小时，将来会以数倍利息的形式返还给自己。这么想的话，可以说“这是回报高的好投资”。但在实际中，并没有这么顺利。

反过来说的话，如果没有缓冲的时间，而只是一味地做眼前的工作，那么就如同一味地消费现有的想法而没有补充。

现在也许还好，但是从某个瞬间开始，可能就再也不会有灵感出现了。

在顶尖领导者中，年轻时不去投资时间而只知道一味工作，然后遭遇变化便成为空壳经历的人也不在少数。也有许多人因为遭受了这种惨痛的教训，从此重视缓冲时间。

谷歌与报事贴都是从缓冲时间中诞生的

美国的谷歌将缓冲时间作为全公司的奖励赋予每一位员工。谷歌公司有一条“20% 规则”，即“只要日常业务能够正常运转，就可以把原本 20% 的工作时间用于工作以外的领域”。

而且，什么时候使用完全是本人的自由。

也许有人会担心，这是否会仅成为员工的休息时间。但是作为Gmail前身的Caribou，还有“谷歌地图”以及“谷歌建议”等，都是从这个“20%规则”的时间中诞生的项目。也许我们不得不承认这条规则确实非同一般。

上面这个例子想必已经使大家深刻感受到了缓冲时间的必要性。

其实还有很多好的想法也是从缓冲时间中产生的。

被称为3M公司招牌商品的“报事贴”也是其中之一。想必大家的抽屉里都放着那方便的便签纸吧。

其实，3M也有“工作中15%的时间是可以用于自己喜欢的研究的”，即被称为“15%文化”这样的不成文规定。

其中1名研究员，利用这个时间，就当时被认为是失败作品的“虽然很用力地粘上去了，但很容易就能揭下来的粘着剂”，询问周围的同事关于有效利用它的想法。

于是，凭着对于该粘着剂的印象，另一名研究员回答“可以作为书签或者便条使用，既可以轻易地粘上也可以方便地拿掉”，于是关于“报事贴”的想法便油然而生。如果没有缓冲时间，那个奇特的粘着剂也许就以失败作品的身份遗忘在人们的脑海中了。

一天中短短几分钟的冥想可以提高工作效率

不去思考接下来要干什么，而是把缓冲时间作为纯粹的休息时间，这也是一种方法。

苹果创始人史蒂夫·乔布斯是很有名的，而像他一样每天早上习惯做几分钟“冥想”的顶尖领导者也是有的。从日常的琐碎闲杂中抽离，集中精神去做冥想，结果会使压力得到消解，并且使注意力得到提高，最终让一整天的工作效率都得到提升。提到“冥想”，也许有人会觉得这种方式有些类似心灵学说，难以理解。但其实这种通过冥想提高注意力并减轻压力的方法，在科学上已经被证明是有效的了。

只需要几分钟的时间就能让效率得到调整，这是非常合理的方法。

为了能总是保持最好的状态，让自己得到休闲放松是很重要的。其实，顶尖领导者当中很多人都是“爱喝酒的人”，工作之后，来到自己中意的酒吧，一边品味雪茄一边享受“一个人的时间”，有这种习惯的人很多。

这里说的都是完全放松的时间，“为了提高效率，所以要放松一下”，带着这样的意识，就不会产生“明明很忙，还跑来喝酒”这样的罪恶感。

如第1章中所说，这些都是重要的心态。想法不同，导致自己的时间有可能是有益的，也有可能是无益的。另外，这种“没有浪费自己的时间，正切实地朝着自己的人生目标努力”的感觉，与保持120%的努力持续工作下去的自信也不无关系。

忙碌的人获得缓冲时间的简单方法

虽说如此，在忙碌的时候获得缓冲的时间是需要勇气的。平时总是慌慌张张，经常被时间追赶的人也许会觉得“这不大现实”，“在那个时间还是稍微推进一下工作更为重要”。

其实，我自己也经常没有缓冲的时间，所以非常明白那种感受。

但是请想想看，大家难道比苹果或者谷歌的高管还要忙？他们能做到的事情，大家也一定能做到。

如果真的忙到没有喘息时间的程度，暂时将工作保存下来，换个能够创造缓冲时间的环境吧。此前的工作方法缺乏从人生整个跨度去俯瞰时间的“宏观”视点。

持续获得缓冲时间的方法，其实极为简单。即在一开始编制日程的时候就将缓冲时间编制进去。也许刚开始会很难，但是每天坚持空出 30 分钟到 1 个小时，持之以恒就会有效果。不要把这些时间用来干实际的事务，不然就毫无意义了。

为了持续这样的生活，编制包括“什么也不做的时间”的日程，就能自然地产生革命性的想法。之前持续下降的效率也可以恢复如初，在这个过程中就能逐渐感受到自己可以比之前发挥更高的效能了。

越是繁忙的人，张弛有度地使用时间就越为重要，也更能提高效率。“虽然时间用在了缓冲调整上，但是和往常一样在规定时间内完成了工作”，也许会有这种意料之外的喜悦。想通了“这就是投资”，消除对于

“休息”，“什么也不做”的罪恶感，就一定能到达新的层次。

现在是休息时间，现在是集中精力进行工作的时间。像这样进行模式切换，可以说是为了未来在进行“投资”吧。

【小专栏】

白天的习惯、回家的路上，正是获取信息的最好时机

将与工作对象一起吃饭作为“动力午餐”的人不在少数。关于其效用在本章里也有涉及，顶尖领导者总是将午餐的机会利用到极限。实际上，“午餐结束时”正是获得“宝藏信息”的最好时机。

“午餐会”“商务宴请”等吃饭时段，本来是用来“休息”的时间。因此，不管是什么人，都会有些许放松，一不小心不重要的信息就会透露出来。很多情况下，是在会餐结束的时候透露的。

席间谈到“那个什么……”而开始进入闲聊模式，“说起这个……”对方也开始说一些有趣的信息，又或者是在回家的路上，同事凑过来“低声耳语”，类似这样的经历，相信大家都有过吧。我也经常在采访结束时，提出“可以再问一个问题吗”，在这种情况下，获得过非常重要的回答。对方放松的那一瞬间，正是进行信息搜集的最佳时机。“幸运女神是只有刘海的（意即错过了就不能再抓住机会）”，回家的路上，正是获取信息的最好时

机。顶尖领导者对此有着深刻的认识。千载难逢的机会往往只有一瞬间。我们能够做的只是不断地努力地去抓住它。有的人只要目的达到了就不再利用这种场合，另外的人则会对获得其他信息变得充满贪欲。顶尖领导者明显是后者。

内心放松的瞬间等于收集情报的时间，这样定义的话，顶尖领导者积极参加会餐或者宴会的原因显而易见了。大家认为“因为不是工作所以可以不去”的那些酒局或者高尔夫局，其实是隐藏着大机会的。参加论坛等学习会之后，继续参加后续的联谊会，也许就能和与会的人混得更加熟络。知道哪里有机会（可能性高），行动也会发生变化。

此外，不仅从对方那里获得信息，自己提供的那些能够成为“诱因”的信息也很重要。对方正因为觉得“你很有趣”，才会对等地提供给你相应的信息。用活跃在商界第一线的人的话来说，对于任何行业的顶尖领导者都应该抱有兴趣。

充分利用业务中的“off”时间，变成让对方感兴趣的人。能做到这些，幸运女神一定会向你报以微笑的。

让时间成为伙伴的七个方法

让时间成为伙伴的七个方法之一：不要吝惜每天早晨重新制作“计划表”的时间

到目前为止，我们介绍了：顶尖领导者对待时间的态度与他们独特的思考方式。相信大家的思维模式已经有所转变，让我们继续深入地了解他们利用时间的方法吧。

从第 3 章开始，我们将会介绍如何像顶尖领导者一样，让时间成为自己伙伴的技巧与方法。当然其中包括只有身在其位的“顶尖领导者”才能使用的“技巧”，因此要在短时间内全部实践是不大可能的。

即便如此，也不必着急。最开始，只要能将介绍的七个方法中的一两个运用到平时生活当中，相信就会改变你的时间意识，并且使你逐渐体会到：时间增加了。

划掉计划表上的项目，这种成就感会使你充满自信

那么，大家上班开始做的第一件事是什么呢？

打开电脑电源，检查邮件，根据邮件内容打电话给对方之类的。除此之外，好像最近在办公桌上吃早餐的人也越来越多了。

顶尖领导者在打开电脑的电源前，最先做的是检查计划表。

今天，自己该做什么？

计划表是检查工作是否有遗漏的有效手段。制作计划表的短短几分钟时间，会让工作效率大幅提高。

此外，完成工作后划掉计划表项目时的成就感，其实也很重要。即使是一些很微小的事情，积累起来也会形成巨大的自信，最终反馈到自己身上。

就像“调整会议日程”，“用邮件发送××与××的会议日程”，“制作会议资料”等等，尽量细分计划表的各项条目，以此获得更多的成就感。实际上不少商务人士在这些方面颇下了一番工夫。上述这些，其实可以简单地写成“会议准备”，但他们通过对工作的细分成功

地增加自己的成就感。

“我也在做计划表”，可能存在这样的读者，殊不知顶尖领导者的计划表是有些独特的。

首先，他们制作计划表并不是在工作开始的时候，而是在工作结束的时候；并不是想到哪儿就写到哪儿，仅仅做做笔记，而是按照他们工作中的“重要度”，由高到低排序而成。

计划表的再检查是效率提升的关键

这里所说的“重要度”是从两个视点出发捕捉时间的产物。一个视点是事物与人生目的如何关联的“宏观”视点，另一个则是当前提交时间的“微观”视点。

他们设定好人生的目标，就朝着它像“倒计时”一样度过每一天。因此，即使每天面对数量庞大的工作，他们也能瞬间判断出优先顺序。

很明显，这说明他们在自己内心有一把衡量的尺度，可想而知这对于利用时间的效率化是多么重要。

于是，第二天上班，他们首先会重新浏览一遍计划表，进行适当的修正。

虽说如此，他们每天面对的情况也是时刻变化的。昨天重要的事情，到今天可能就不那么重要了。因此不是照着昨天制作的计划表去实行，而是在上班的最初始，以微观的视点对其进行修正，使其更为精确。

另一方面，被时间逼迫得很紧的人们可能会认为“有那些时间的话，不如及早动手把事情解决了”，因此吝惜制作计划表那短短的几分钟时间。这样一来，工作中发生遗漏的危险性自然也就变高了。再加上他们心中并没有能够判断重要度的尺度，因此往往就会按照事情自然的顺序或者检查邮件时的顺序，来完成工作。

这也许就像打飞一个个朝自己飞来的球一样，感觉也不错，但完全不是高效率的工作方式。如果不好好地规划优先顺序，到截止时间才发现“原来这件事必须今天完成”，同时它又是一项很费时间的工作，那么最终演变成了不必要的加班。

下班前做好计划表，上班第一时间回顾昨天制作的计划表，检查邮件都在此之后。这就是顶尖领导者的做法。

不要被自己单方面认为的商务礼仪所困扰

另外，顶尖领导者中，也有很多人在“上班第一时间”、“午饭后”、“下班前”，一天之内多次集中浏览邮件。

有人说早上检查邮件，效果相当于两杯意式浓缩咖啡。对他们而言，检查邮件，就意味着将自己转换到工作模式，是加速上午工作表现的助力器。

实际上，当人坐到电脑前时，人的交感神经会变得敏锐，相当于咖啡中极为提神的意式浓缩咖啡2杯的效果，这项研究成果曾登在英国《每日电讯》报纸上。

真正紧急度很高的案件，仅通过邮件发送，随后就根据邮件跟进……这种事情本来就不存在。

只通过邮件传达的内容，本身某种程度上就不那么紧急。“×点发送，请务必阅读”，类似这样事先提醒的情况另当别论，因此通常邮件收到后，并不需要马上确认。

像“收到邮件必须马上回复”这样在商务中“理应”的习惯或者礼仪，其实也包含了很多低效率的因素。“公司就是这么要求的”，不必抱着这样单方面的想法而束缚自己的行动，打破它，效率才会有更大的提升。

让时间成为伙伴的七个方法之二：比起笔记本电脑，使用“没有开闭时间损失”的平板电脑更省时

为获得“什么也不做的时间”，减少不必要的时间

也许有些啰嗦，但还是需要强调一下，顶尖领导者的日常工作是非常辛苦的。要做的工作量庞大，日程自然十分紧张。但即便如此，他们也没有怠于争取“什么也不做的时间”，而是积极地在为将来做时间投资。他们深知接下来将会收获数倍乃至数十倍的回报。

虽说如此，要在艰辛的工作中，挤出“什么也不做的空白时间”并不是一件易事。

在这一过程中，他们所做的是彻底地排除不必要的时间。也许这样有些像是禅学问答，但是要获得“什么

也不做的时间”，必须把日常中工作和行动的效率提升到极限才行。

缩短时间的方法，并不少。当然他们也运用了其中的很多方法来缩短时间。这里我们就不去聊那些老生常谈的话题了。顶尖领导者所践行的，是更为严格自律的缩短时间的方法。让我们来看个例子。

习惯使用录音笔、眼罩、耳塞

比如说，顶尖领导者不习惯携带笔记本电脑。与此相对，他们喜欢用的是平板电脑。末川久幸（资生堂的前董事长兼总经理）就是其中一员。

两者的区别在于，屏幕的开闭时间与启动的速度。对于重视速度的他们而言，即使是高配置的笔记本电脑也是不足的。即使是几秒的浪费，顶尖领导者也是不能容忍的。

另外，顶尖领导者中，经常带着录音笔的人也很多。原田泳幸（贝乐思股份有限公司董事长兼总经理）经常随身携带录音笔。

与会议上用会议记录留存信息不同，当某个想法灵光乍现，抑或出访时遇到临时性会面，类似的情况更适合使用录音笔。

把笔和本子从包里拿出来，记录内容……比起这样一系列的动作，在某个想法迸出时，随即从口袋里拿出录音笔，要快得多。

因此，把录音笔带到卧室，放到枕头边的人也是有的。就寝之前读书获得的信息，或者起床时获得的灵感，全都可以毫无遗漏地记录下来。然后将录音转交给秘书整理成文字，再通过文字回览即可。

另外，眼罩对于他们来说也是生活必需品。人本来在光线更暗的地方就更容易入睡。通过眼罩可以缩短入睡的时间，同时实现了更高质量的睡眠。

此外，眼罩与耳塞并用的人也是很多的。一方面可以避免光的影响，另一方面能够排除声音对睡眠的干扰，从而获得更高质量的睡眠。

相比通过汽车移动，更倾向于选择自行车的理由

令人感到意外的是，最近将自行车作为移动手段的领导者越来越多了。当然，如果是领导者中的领导者，乘坐配有专职司机的汽车，在车内读新闻或者给家人打电话，类似这样的情况也许更加普遍。但是，对于那些特别讨厌使用汽车带来时间损失的年轻领导者，或者十分关注健康管理的领导者而言，则会选择自行车作为移动的手段。

首先，如果是自行车，就不存在塞车的问题，只需要根据自己的感觉，“大概二十分钟能到”，类似这样计算路上需要的时间，对于异常重视日程安排的他们而言，再好不过。如果是在市区，有时候甚至会比汽车更早到达。

此外，骑着自行车穿街走巷，通过双眼收集情报，也颇有意义。比起从车窗眺望街景，骑着自行车实地听取街道的各种声音，获取的信息要更多。

像亚马逊日本一样，在公司内设置自行车通勤者专用浴室的企业越来越多。如果根据当日的日程安排，自

由地选择安稳的乘车移动，或者方便灵活的自行车移动，相信效率会提高更多。

实际上，领导们外出、出差是很频繁的。像上述实行起来极为苛刻的缩短时间的技巧，大多正是从他们的实际经验中总结而来。

“笔记本电脑不能马上查东西。”“像是笔和纸都不在身边的放松时间，突然灵感就来了。就没有什么法子能够把那些想法都记下来吗？”不断地思考类似问题，无数次试错的结果，最后凝聚成了这些实用的技巧。

优秀的投资家会把巨资投入到自己信赖的交易品上，而在实际生活中他们很可能十分节俭。

如果说投资家是玩转“金钱”的达人，那么顶尖领导者就是玩转“时间”达人。

对于自己坚信的目标，每天投入的时间可以达到1个小时，反之对于开闭笔记本电脑这种即使只是浪费几秒钟的行为，也绝不容忍。也许正是这种伸缩自如的时间利用方法，使时间成了他们的伙伴。

让时间成为伙伴的七个方法之三：“散步会议”，产生多任务乘法效应

工作效率不会降低的神奇多任务法

许多顶尖领导者都在同时进行着多项工作，实践着“多任务法”。

对“多任务”“同时工作”的效率问题，科学理论上有多种说法。其中有些理论认为“反而会让效率下降”。因此，许多人有意识地避免同时进行多项工作。

当然，如果边看电视边处理工作，或者边聊天边回邮件，会导致无法集中精力做任何一件事，造成工作效率降低。

然而，顶尖领导者却掌握着不会降低工作效率的“多任务法的正解”。他们不仅能提高工作效率，还能产

生神奇的多任务乘法效应。

以顶尖领导者的“动力午餐（Power Lunch）”为例。“动力午餐”指的是与新的工作伙伴共进午餐。同时进行必要的“午餐”与“会面”，是多任务法的有效实践。

由于我们无需将注意力用于吃饭，便可以专注于与对方交流，还能偶尔翻阅资料，推进会面顺利进行。用餐时的轻松氛围，也能促进彼此更真诚地交流，达成一致的合作意识。

晚上的“宴会”则另当别论。宴会时免不了喝酒，它会大幅影响其后的工作效率。如果只是共进午餐，彼此都清楚“下午有工作”，不会喝酒，会将用餐时间控制在尽量短的时间内。

另一方面，晚餐时谈好的工作通常会顺延至第二天，而午餐时谈好的工作，通常下午回到公司就能得到确认，工作开展得更迅速。

“动力午餐”虽说对女性而言有一定难度，但是将短时间的午餐作为会面的桥梁，确能提高各方面的效率。

轻量运动提高注意力和生产力

顶尖领导者推崇边散步边开会的“散步会议”。苹果创始人史蒂夫·乔布斯、Facebook的创始人马克·扎克伯格、twitter的创始人杰克·多尔西都是散步会议的拥护者。

散步会议是同时进行“健康运动”与“会议”的多任务案例。由于散步无需集中注意力，可以将所有注意力集中在交流上。

并肩走路的时候，会感到彼此是“共事”的共同体，使交流更加顺利。

健康学家的研究也表明，轻量的运动、散步，有助于激活人的思维。稍微增加心跳数，可以给大脑供给更多氧气，提高注意力与生产力。

也就是说，散步会议在激活脑部活动的同时，形成了最佳会议环境，使与会者可以在良好的氛围中交换真挚的意见。

散步会议不仅是硅谷特有的文化。日本电产的创始人永守重信也有边散步边思考的习惯。

但是永守重信散步的场所不是室外，而是公司之内。他通过实际考察工作现场，感受各个部门的工作活力，并且和员工们坦诚交流。

在普通的企业，基层员工是无法直接向高层提出建议的。永守重信通过这个习惯，给予了员工直接向他提出意见的机会。走路这一动作持续给脑部供氧，他的思维也因此变得活跃，更容易想到更多有创意的点子。

这一多任务案例可以说很好地结合了“现场交流”与“思考时间”。

没有座椅的会议室

近年来，佳能电子、Cyber Agent等越来越多的企业，都推崇会议室里不放座椅、员工站着开会的会议模式。在上文所述的“激活思维”的意义层面上，这一举动是十分值得尝试的。站着开会对任何企业而言，都是零成本、可以立刻实现的，大家也可以尝试。

大多数人会认为，连续几小时站着开会太辛苦。但正是如此，与会者便会无意识地希望尽早结束会议，避免会议时拖拖拉拉，反而起到了节省会议时间的效果。

让时间成为伙伴的七个方法之四：等量的“信息输入”与“信息输出”

美国前总统布什的信息收集技巧

活跃在商业最前沿的必要条件是什么呢？

顶尖领导者从年轻时开始就以120%的精力接触各种商业事务，取得了巨大成功，他们是名副其实活跃在商业最前沿的人群。他们之所以能持续活跃在最前沿，是因为他们对于获取信息的“信息输入”时间与具象化信息的“信息输出”时间是同等重视的。

毋庸赘言，事业繁忙的人群需要经常进行“信息输出”。然而，越是忙碌的人越容易忽略“信息输入”。

当下的商业世界瞬息万变，普通的热点事件立刻就过时，不具任何竞争力。虽说古典文化、传统礼仪是我们的基本素养，但顺应时代变化选择通俗易懂的表达方式也十分必要。因此，顶尖领导者要求自己不断扩大知识范围，收集大量信息。

顶尖领导者自身已经形成了不断收集最新优质信息的自我机制。因此，不会出现临时选择某一方案，仓促收集信息的情况。将收集信息这一行为变为日常习惯，并非将时间浪费在单纯的信息收集上，而是保证自己随时处于战斗在最前沿的状态。

顶尖领导者在聚会上表现出的对信息的渴望，让我惊叹不已。

他们通常带着“我要和××公司的××交流”的目的去参加聚会，当然“收集有趣的信息”也是参加聚会的目的之一。可以说他们建立人脉就是为了收集优质的信息。

因此，当他们遇到拥有最新信息的人或潜力无限的事业群，就会两眼放光，对信息表现得十分渴求。

我曾和美国前总统乔治·沃克·布什一同出席某个聚会时，他一眼就注意到了twitter创始人之一的比兹·斯通。那是七八年前，twitter刚成立一两年。当时，日本几乎还没有人知道 twitter 的存在。

但是布什，却走向站在会场角落的比兹·斯通，主动去和他交谈。这则轶事说明，顶尖领导者对信息的敏感度是极高的。

偶像信息也在自己的分类文件夹里

日本的顶尖领导者也有过人之处。

他们对流行十分敏感，不仅了解哪些企业有潜力等商业话题，对 AKB48 等偶像话题，甚至健康、甜品的话题也都一一了解。

某次聚会时，我提问经济学家竹中平藏："去年在韩国经济论坛遇到了您。今年的论坛您也参加了吗？"他回答道："今年没去太遗憾了，听说开幕式有少女时代呢。"竹中平藏的这番话立刻使全场沸腾了。当时少女时代在日本刚走红不久。

我不仅惊叹于竹中先生竟然知道偶像团体的存在，更佩服他通过这样的幽默来缓和会场气氛的技巧。

顶尖领导者不但将流行信息转化为自己的知识，并且善于将其与自身的兴趣爱好联系起来，抽象地保存在脑海中的文件夹里。

他们将新人培训关联到甜品的趋势，在思考工作效率时联想到人气偶像的养成方法，总能激发他人想不到的新鲜点子。

每天读书 6 分钟，释放职场压力

对顶尖领导者而言，书籍、杂志、报纸都是收集信息的重要工具。许多人习惯读报纸，是因为报纸选取了最有价值的时事新闻，只需读取几页内容，就能获取广泛的信息。

国籍会影响到书籍的选读。日本的顶尖领导者爱好历史性读物，如《三国志》《论语》《孟子》《孔子》等。

偏趣味性的历史读物则有司马辽太郎的《龙马奔走》《坂上之云》等。甚至有人说，“学习历史，便能获得所有人生难题的答案”。这些书籍就是顶尖领导者的“圣经”。

国外的顶尖领导者则爱好阅读希腊神话、霍布斯的

《利维坦》、让·雅克·卢梭的《社会契约论》等等。他们从学生时代开始熟读这些书籍，并且一有时间就反复阅读。

英国埃塞克斯大学的研究表明，每天读书6分钟，可以减轻70%的压力。加利福尼亚大学伯克利分校的研究业已证明，拥有阅读习惯的人群，未来患阿尔茨海默病的可能性更低。

出口明治（LifeNet生命代表董事会会长兼CEO）、国际级记者蟹瀬诚一等顶尖领导者都有睡前阅读的习惯。

收集信息的习惯帮助他们拥有敏捷的大脑与强健的体魄。

他们将收集到的信息融入到接下来的生活中，或用于其他的聚会上。正因为他们持续进行信息输入，才能持续进行信息输出。

我们也可以通过加速信息新陈代谢，成为永远战斗在商业最前沿的人。

让时间成为伙伴的七个方法之五：与家人一同参加聚会，尽到“父亲的责任”

家人是信用培养的杠杆力

顶尖领导者逻辑严谨、思维缜密，对待时间态度严肃。

而他们大多都有自己的家庭。

他们中的许多人（实际情况不得而知）凭借良好的家庭关系给他人留下好印象。在事业上对时间极度严谨，却愿意为了得到家人的信任，牺牲自己的时间。

无比珍视时间的顶尖领导者，为何与我们的期待背道而驰呢？其实，他们是在使用一些不寻常的方式来顾全事业与家庭。

顶尖领导者之所以无比重视自己的家人，是因为家庭是治愈的空间，能一直给自己力量。他们虽然以守护公司和员工为己任，但他们最大的责任是守护自己的家人。这是所有顶尖领导者的共通之处。

他们将良好的家庭关系与社会信用相关联，给世人留下好印象。因为信用无法用金钱购买，只能通过时间的累积而实现。“家人的存在”则帮助他们大幅减少了积累信用的时间。

可以说许多顶尖领导者以家人作为撬动时间的“杠杆力”。然而，忙碌的生活中，要同时承担丈夫与父亲的双重责任是异常辛苦的。唯有这件事无法交付下属代办，也无法用金钱解决。

因此，在这一层面上，顶尖领导者在践行着极限的“多任务法”。例如，他们与家人一同参加工作有关的聚会，将“工作”与“家庭责任”同时进行。

路途中，给妻子打电话比回复邮件更重要

聚会对顶尖领导者而言犹如家常便饭，但对于其家人而言却是十分难得的。穿着华丽的礼服出入高级的场所，对顶尖领导者的家人而言是非常愉悦的体验。

通过让妻子和孩子（虽说只是在聚会上）看到父亲工作的样子，让他们因为“自己在为了家庭而奋斗”而感到骄傲。

对于希望让孩子逐步继承自己事业的顶尖领导者而言，聚会给孩子创造了在公开场合露面的机会。通过与家人一同参加派对，可以产生多任务乘法效应，达到一石二鸟甚至一石三鸟的目的。

顶尖领导者的另一个秘诀是，虽然无法长时间与家人共处，却能坚持每天与家人短时间相处。

例如，每天去上班时顺便送孩子上学，规定必须在家吃早餐（晚餐）。还有顶尖领导者利用坐出租车的几分钟时间，给妻子打电话。

在对自身影响的层面上，比起短时间内查看数封邮件并仓促回复，与家人通话并交流的效果好得多。顶尖领导者通过精密测算每件事的影响，最终决定到底应该给家人打电话，还是应该回复工作邮件。

对顶尖领导者而言，与家人共处的时间是身心得以放松的时间。如果此时听到妻子和孩子表达不满，如“爸爸只知道工作，完全不管家人”，便无法达到共同相处、身心放松的目的。

为了达到“放松”这一目的，就必须维持与家人的良好关系，每天的交流就是必需的。顶尖领导者便是抱着这样令人意外的合理性，践行着家庭责任。

不为婚姻大事而苦恼

“结婚时间早”也是顶尖领导者的特征之一。近年来，日本的“晚婚问题”备受瞩目，但这个问题在顶尖领导者身上却很少见。

包括日本在内，国际大型企业都普遍认为“结婚与否”是一个人能否独当一面的标志。想要开始自己的事业，必须有妻子陪伴左右。我们经常在观看选举时，看到政治家们将成功归功于自己的妻子，认为他们的成功与婚姻密不可分。甚至听到商社的男性员工说，“单身的人是无法赴任国外工作的”。

当然这并非说明他们不重视结婚对象本身。

尤其在欧美国家，至今都十分重视对方的家世与地位，并非推崇纯粹意义上的“恋爱结婚”。

这并不是说所有的顶尖领导者都是相亲结婚，在我的印象中，许多顶尖领导者都选择与自己的大学校友结成姻缘。

大学校友不仅意味着对方与自己拥有同等学历。在名人辈出的名门私立大学，校友的身份还意味着对方能负担高昂的学费（如美国的哈佛大学、耶鲁大学，一年的学费与住宿费超过550万日元，相当于日本普通私立大学的好几倍）、出身于经济条件良好的家庭（家世良好）。校友这一身份本身就起到了过滤器的功能。

顶尖领导者认为苦恼是最浪费时间的，所以不会因为婚姻大事而苦恼。与对方交往到一定程度，没有严重不和或价值观的差异，便可以走入婚姻。

他们不会纠结“自己的生命是否还会出现其他的真命天女”，不会浪费时间去追求如赌博般的小概率事件。

了解所得利益，倍加珍惜家人

如果认为顶尖领导者只是为了个人利益而利用家人的话，就大错特错了。如上文所述，他们是发自内心地珍惜家人。因为没有家人的支持，就无法专注于事业，妻子与孩子的存在，能给予他们强大的动力。

顶尖领导者深知家人的价值，有家人在身边便能感到安心，与家人维持融洽的关系，是一回家就感到放松的保证。

正是出于如此理性的思考，考虑到家人给自己的诸多支持，他们才会倍加珍惜家人。或许许多人无法理解这样的逻辑。但无论顶尖领导者出于何种动机，他们从不以“忙碌”为借口忽略家人的行为本身，就十分值得钦佩。

让时间成为伙伴的七个方法之六：关闭电源获得“私人时间”

不参加无用的会议和茶会

顶尖领导者能意识到“现在是应该做什么的时间”，他们从宏观与微观的角度审视时间，作出最佳选择。因此即便是受邀参加会议或聚会，只要感到对工作或自身没有用处，就会果断拒绝出席。

即便是商业中极为重要的“报联相（报告·联络·相谈）”，顶尖领导者也认为无需一一汇报。未来工业的山田雅裕社长甚至认为，“出差回程时，打电话汇报‘我出发了’都是在浪费时间和话费”。

我们或许会认为这样的做法过于以自我为中心，但顶尖领导者也有自己的难处。他们本身拥有各种信息与权力，太多人想见到他们并听取他们的意见。如果答应所有的邀约，属于他们个人的时间就会相应减少。

考虑到这些事实，我常会钦佩他们积极的行动。他们积极地寻求新的信息，找寻有潜力的观点，通过判断某个聚会是否有趣、是否与工作有直接关联，来决定是否出席。

但并非所有人都能根据自己的想法来决定“是否参加某个会议”。有时候自己不愿参加，也会被上司要求必须出席。

顶尖领导者之所以能按自己的意愿决定是否参加会议，是因为他人对其抱着“百忙之中能出席真是感激不尽”的想法。

也就是说，顶尖领导者总是以120%的精力处理着大量的工作，给他人留下了“极度忙碌”的印象。邀请人知道“他有那么多工作，每天晚上都有饭局，想必是无法出席吧”，于是在发出邀请的时候，自然就考虑到“能出席的概率只有50%”。

因此，顶尖领导者即便拒绝出席，也不会受到责备。若是应邀出席的话，邀请人会感念其百忙之中抽空前来。

然而职场新人如果总是给人以“很忙的印象”，有可能会遭到他人不满。所以根据实际情况，可以适当地给人留下忙碌的印象。这种印象有助于需要拒绝的场合。

顶尖领导者无法赴约是理所应当的。若能理解这一点，便能果断拒绝“做不到就是做不到”，而不必担心无法拒绝会损害人际关系。

巧妙利用“忙碌的印象”减轻压力

顶尖领导者往往从年轻时开始，就巧妙利用“忙碌的印象”，拒绝无用的茶会或会议。

这并非否定他们忙碌的事实，他们或许正是通过全力投入工作，有意让他人意识到“他太忙了，即便发出邀请也不会出席”。

职场人感到压力，通常是由于长时间被迫参加与自己无关的会议，在所谓“亲睦会”上和无趣的人喝酒。也就是说，当自己感到“无意义”，难以掌控时间的时候，才会备感压力。

另一方面，顶尖领导者虽说年轻时就过着十分忙碌的生活，但这样的生活是实现自己设定的人生目标必需的付出。他们有清晰的目标意识，知道该如何使用自身的时间，因此即便忙碌也不会感到压力。他们通过全身心地投入事业，来避免浪费时间与浪费时间导致的压力。

失踪是为了“专注的时间”

顶尖领导者为了挤出更多的私人时间，不仅拒绝无用的邀约。由于他们极其重视等待事业灵感降临的“思考时间”，因此会努力确保自己独处的时间。因此他们还会不时关掉手机电源，或突然失踪几小时。阿里安娜·赫芬顿（赫芬顿邮报的创始人）就是其中一人。

失踪的时候，他们通常在常去的咖啡店读书、思考。相比在公司里总是不断被电话打扰，在安静的咖啡店则不会受任何人打扰，这两种环境下的思考效率有着天壤之别。

虽说这种方式会使他人有些焦虑，但对职场人而言，能集中精力独自思考的“私人时间”是十分必要的。

我们可以在没有工作的周末，或者在睡前几小时试着关掉手机电源，不受邮件、电话、网络的打扰，这对现代人而言或许才是最奢侈的。

让时间成为伙伴的七个方法之七：拥有值得信任的伙伴，避免在“对立”上浪费时间

顶尖领导者不全凭职业理性工作

讲授交流方法的书籍中经常出现这样一句话，“他人与过去是无法改变的，而自己和未来是可以改变的”。在通往成功的途中，对于极度自律、善于支配时间的顶尖领导者而言，最后的敌人或许就是某个他人。

那么顶尖领导者是以何种标准选择合作伙伴的呢？上文举出的许多事例，都说明他们待人处事十分理性，想必大家都会认为他们选择合作伙伴的基准是“是否有能力”。

然而，他们认为最重要的却是“与其共事时心情愉悦”这种感性因素。即对方给人的感觉、气质、价值观

等是否与自己相似，是否有共同语言、相似经历，以及是否理解自己。虽然人各有特点，但“易于交流”是重中之重。

毋庸置疑，要成为顶尖领导者的合作伙伴，比普通人“工作更有能力”“更有助于事业发展”是大前提，但却不是最关键的因素。

因此，即使在××领域，B比A的专业知识、专业能力更强，只要顶尖领导者认为A比B更好相处，便会毫不犹豫地选择A作为合作伙伴。因为顶尖领导者在选择同伴共同发展某项事业时，比起职业理性关系，更看重“人与人之间的相处”，所以才会出现这样令人意外的选择。

他们之所以优先感性因素，是考虑到“花费时间处理情感上的对立、交流不顺，是最浪费时间的”。

相同的价值观能够省去反复说明自身观点、说服对方理解自己的时间。在大方向上保持一致，便能安心交付工作，也能节约大量时间去参加无用的会议、聚会或听报告。

另一方面，即便对方能力再强，只要基本价值观不同，无法领会自己的观点，也可能导致造成误解、影响人际关系。解决以上这些沟通上的难题，都需要耗费大量时间。

对方真的理解了我的意思吗？会按照我的指示工作吗？如果总是担心这类问题，最终将导致所有细节都要一一汇报。由此引起的压力会进一步导致工作效率低下，负面影响不可估量。所以时间效率第一的顶尖领导者，选择优先感性因素，作出最合理的取舍。

初次见面时的闲聊，是在彼此考验

合作伙伴之间知己知彼，已经成为苹果、谷歌、Facebook 等硅谷 IT 企业的企业文化。在日本，许多 IT 初创企业的创始人，也都是私交甚好的朋友。

大型企业罗森的原社长（现三得利控股代表董事会社长）新浪刚矢与罗森现社长玉塚元一，关系十分亲密，分别称呼对方为“大猩猩 1”“大猩猩 2”。他们虽然年龄不同，但同是庆应大学出身，学生时代同属体育系，两人更是都有在美国攻读 MBA 的经历。如此多的共同点，使他们私交颇深。

我们或许认为用“直觉”判断他人不靠谱，但是顶尖领导者相信自己看人的眼光。

顶尖领导者能在业界人士的聚会上，用初次见面的短暂时间，通过交流观察对方，判断对方是否值得交往。大多顶尖领导者之所以能成为“聊天的达人”，是因为他们能意识到对方也在观察自己。看似不那么重要的初次见面，其实是在接受对方的严格考验。

“易于相处”比工作能力更重要

站在上级的角度，与其烦恼“员工有能力却难以掌控”，不如将工作交付给“易于相处的员工”。我们通常认为，根据工作能力委任工作是最合适的，然而“工作进展顺利”“易于沟通”也是一种优秀的能力，甚至可以说比工作能力本身更重要。因为，工作能力是可以经过培训不断提高的，而善于与人相处的能力却是人的固有天性，无法轻易改变。

上文所说的“与感觉、气质相似的人沟通起来更轻松”，指的就是这种能力。

大家可以回想一下，在过去的经历中，与什么样的人共事感到最轻松，试着总结出自己的“与合作伙伴有关的成功规律”。就职于企业的年轻职场人，可能无法决定自己共事的伙伴，但是回顾自己的成功经历，必将有助于将来的事业。

顶尖领导者永远都能最大程度地努力，同时善用提高效率的方法。通过效仿他们的时间术，我们可以更高效地使用时间。

【小专栏】

夜晚的习惯·追随者出现在夜晚·加速事业开展的聊天技巧

身处高层的顶尖领导者，如果只是善于工作，不可能创造巨大的财富。他们既拥有巨大的人格魅力，又能冷静地开展事业，完美平衡着两种身份。经常观察他们的一举一动，便能发现所有登上成功巅峰的人，都深受他人爱戴。虽然他们（在事业上）有诸多对手，但也拥有远多于对手的追随者，因此他们的事业才能全速前进。使他人成为自己的追随者，与时间的有效使用密切相关。顶尖领导者通常在聚会等闲聊的时候，吸引他人成为自己的追随者。因此，他们有意识地磨练着自己聊天的技巧。

其实他们与人初次会面时惯用的聊天技巧，并不难掌握。其中之一，就是记住对方的名字。曾与政治家龟井静香一同参加某档节目，我惊讶地发现他甚至能记住负责倒茶的工作人员的名字，通过这种方式抓住人心。因为记住名字是尊重他人的表现。

他们的另一个技巧就是“成为信息提供者”。通过谈论对方有兴趣的话题，提供给对方“获取信息”的喜悦。如果本身不善于聊天，可以试着准备1~2分钟的内容。提前写好简单的稿子，背下来就可以了。

“谈论具体而远大的梦想”则是更高层次的技巧，可以以此吸引到“想共同实现梦想”的人。我经常对IT企业的远大目标向往不已。例如，twitter创始人之一的比兹·斯通在twitter成立之初就曾自信满满地说过：“我们即将迎来的，是每个人都能成为信息源的时代。”听到他的这一番话后，我就开始无比期待那个时代的到来。而现在，我们就生活在他预言的时代中。

成年人也可以拥有像孩童一般的梦想。顶尖领导者描绘着未来的纯真身姿，使无数人着迷。人们相信他实现梦想的实力，竭力协助，并给予大量投资。能将个人的梦想变作“大家的梦想”，这也是他们深受爱戴的原因。

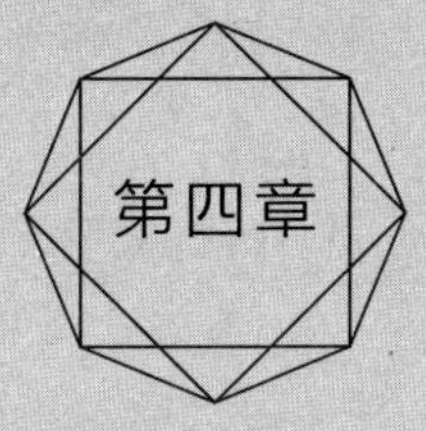

第四章

顶尖领导者亲授的六大高效时间术

六大高效时间术之一：记录工作时间，找到“浪费时间的原因”

在最后一章，我们将介绍顶尖领导者高效利用时间的具体操作方法。

虽然时间不可见，我们却可以像健身一样，避免时间的浪费，学习如何高效灵活地使用时间。随着训练的深入，我们可以改变时间的使用方法。

本章介绍了许多简单的训练方法，不仅顶尖领导者能做到，年轻人也可以在日常生活中迅速掌握。让我们从简单的方法开始挑战，不断加速前进吧。

凭感觉做事最浪费时间

让时间成为伙伴的第一步，是了解“自己的工作时间”。

如第2章提到，从家到公司的上班时间是35分钟，回复一封邮件的时间是3分钟，制作企划书的时间是120分钟等等。不仅是处理工作，在处理工作以外的日常事务或私事时，都可以仔细测算自己花费了多长时间，如中饭吃拉面15分钟，中饭和同事吃定食40分钟，洗澡20分钟，最舒适的睡眠时间360分钟（6小时）等等。

对大多数人而言，“时间”是敌人。想要与“时间”为伍，就需要直面时间，了解时间。

“感觉差不多是这么长时间”，凭着这种感觉工作的话，就会出现“时间的浪费”。通过了解工作时间，可以更加高效地进行日程管理，减少粗略估算导致的超负荷工作，免受混乱日程之苦。

很多负责家庭生计的主妇，都有记录家庭收支簿、管理收入支出的习惯。记录家庭收支簿这一举动本身并不能增加收入，但在发现“吃饭居然花了这么多钱”，或者“想不到车费这么贵”之后，便会开始意识到“下个月要重点减少这些浪费”。

几年前盛行的每天测量体重、记录体重的“记录式减肥法”便是同样的原理。我们通过掌握金钱的收支、体重的增减、时间的去向，用肉眼所见来面对现实，才能意识到“自己是多么浪费啊”。

小小的努力是高效的关键

以上测算工作时间的过程，一开始可能会感到麻烦，但这并非需要一直持续的工作。只需大致了解“平均时间”之后，就可以进行下一步。

例如，回复一封邮件需要花费 5 分钟以上时，就要去找到花费如此长时间的原因，并思考改进方法。

如果原因是无法马上找到所需资料，那么整理办公桌可以加快回复邮件的速度。接下来或许还能进一步改进，如将手头的资料制作成 PDF 存在电脑，或将文件夹进一步细分。

此外，当需要花费很长时间将繁杂的内容整理成文章时，可以学习事务邮件的写作方法。或者不通过写邮件，而通过打电话进行简要说明，来达到节约时间的目的。

带着“高效”这一目的去直面时间，就会出现许多选择。接下来，让我们重新审视时间的使用方法。

让我们试着思考，在上下班时间较长的情况下，利用集中的时间可以做些什么；上下班时间较短的情况下，利用零碎的时间可以做些什么。如果上班乘电车需要 60 分钟，上下班加起来就有 120 分钟。可以将这 120 分钟集中起来，诵读古典名著，修养身心。相反，如果乘电车只需要 10 分钟，可以利用这些时间读几页书或作冥想，为一天的工作积蓄能力。

有时间观念的人演讲不会超时

了解自己的工作时间，有助于提高对时间的敏感度。这是一种感知时间去向的能力。

“大概是这么长时间”，这样对待时间的人，根本不清楚到底花费了多长时间。因此，经常处于“不知不觉就这么晚了”的窘境。

相反，对时间敏感，“有时间观念”的人，会很清楚“自己做这件事会花费 ×× 分钟”，在这种状态下，即使不看表也能意识到“今天比平时用的时间长”或“今天比昨天完成得快”。

这种感觉在演讲或派对“× 分钟”致辞时十分有效。能避免出现超时，或由于太紧张而过早结束的情况。

为了避免时间的浪费，更加高效地利用时间，首先需要了解现实。

六大高效时间术之二：1秒决定午餐菜单，锻炼决断力

顶尖领导者能迅速决断的理由

“决断力”“速决力”是顶尖领导者的特征之一。他们之所以能处理好大量工作，或许是因为他们能迅速决断。

他们能迅速决断的理由如下：

第一，他们所有的选择都与30年后、50年后的人生目标相辅相成。“从目标来看，现在自己处于哪个阶段”，通过放大或缩小时间，可以迅速明确现在需要完成的事。

第二，他们相信自己的判断。

顶尖领导者在各种局面中做出决断，积累了丰富的

经验。绝对的“数量”带来绝对的“质量”。他们通过积累做决断的经验，形成习惯，做决断积累的成果，使他们自信“自己的决断是正确的”。那么年轻人需要做的，则是多多积累经验。

第三，他们坚持“苦恼是最无用的”。

对顶尖领导者而言，“苦恼”和“思考”是截然不同的。需要做出紧急决断时，犹豫“应该执行还是不应该执行”是“苦恼”不是“思考”。

如果已经准确把握了事情的状况，就无需犹豫。只需根据数据，迅速做出决断。如若感到犹豫，是因为无法把握状况，即前期工作不够深入，或是对结果没有信心。

在对结果没有信心时，可能会出现执行和撤退两种不同的结果，但只要和自己设定的人生目标进行比照，就可以迅速做出决断。在前期工作不够深入时，只要进一步深入了解即可。不论身处何种局面，苦恼都是最无用的。

通过午餐菜单积累小小的成功体验

大家可以通过提高身边小事的决断速度，来达到锻炼“决断力”“速决力”的目的。并非一定要通过工作中的事务进行决断，可以试着从生活中的小事开始实践。

例如试着决定今天的午餐吃什么。

在午休这个可以稍微放松的时间里，思考“吃什么”是一件愉悦的事。但是，我们要做的是训练决断力。让我们试着给自己定下规则，如“在坐电梯下楼的时间里决定去哪家餐厅”“到餐厅一分钟之内点单”等等。

每天坚持便会积累足够的做决断的经验，“点的东西是正确的”这样小小的成功体验，会增加对自己决断力的自信。

虽是小事，却是不容忽视的。

如果在决定小事时都感到“难以抉择”，可能是由于对做决断这一行为抱有过重的负担。

国外的顶尖领导者，本来就不太重视午餐。

许多人都是边吃三明治和苹果边工作，或者周一吃意面、周二吃中华料理、周三吃……固定每天的菜单。

MONEX 证券的首席执行官松本大先生，固定中餐吃荞麦面。荞麦面既能快速食用，营养价值又高，很受顶尖领导者欢迎。

人生中很多决断是无需苦恼的。

失败是通往成功的必经之路

顶尖领导者深知“做出的决定是不能后悔的”。因此，他们做重大决断比我们想象的还要轻松。

他们拥有积极乐观的心态，认为“失败是通往成功的必经之路”，“是必要的经验”，即便出现数十亿的损失，也不会过于消沉。这亦是一种心态建设。

支持着他们的是“一切都能迅速挽回”的自信和伟大的人生目标。

清楚以上观点，便可以给自己制定一个类似于“一旦犹豫就吃荞麦面”的规则。年轻人可以选择一位值得信任的人作为导师，当因为工作或人生的选择感到疑惑时，便可以找导师商量。

通过锻炼决断力，可以从苦恼中解脱，得到更多自由时间。

六大高效时间术之三：
“期限效应”的压力，使会议时间减半

不要以认真工作为借口

为了得到更多自由时间，不可避免要谈到高效工作这一话题。在尝试“找到在工作时浪费过多时间的原因”“不做无效工作”等逻辑性方法之后，接下来我们关注时间的“物理性”，试着尝试一些稍有难度的方法。类似于健身时给自己增加压力，进行有关工作时间的肌肉锻炼。

具体而言，就是认为给所有的工作设定一个较短的“期限”，要求自己在规定时间内完成。

许多人认为“工作应该认真完成”，“时间花得越多工作完成得越好”。但顶尖领导者认为这是在为工作效率

低找借口。

即使是靠创意和灵感工作的策划性职业，经验丰富的策划人的效率也远高于策划新人。尤其是人气当红的策划人，更能在相同时间内完成好几倍的工作量。

也就是说，“我的工作不能仅靠工作速度来判断（因此，我不急不慢地工作是没有问题的）”只是在找借口。在任何领域从事任何工作，都能做到在保证质量的同时提高效率。

花费时间完成高精度的工作是理所当然的。然而在规定的“× 分钟”“× 周”之内，能够交出最大工作成果的人，才是“真正的能者”。

渗透“苦恼是浪费时间”的意识

首先我们从“15 分钟内完成报告”等可以单独完成的工作开始挑战。使用计时器或秒表严格测算时间，要求自己必须在规定时间内完成工作。

和肌肉训练原理相同，一开始工作效率可能比平时更低。虽然无法马上有结果，但只要坚持几天、几个月，一定会比平时更高效地完成优质的作品。无须因为结果而喜怒无常，应该反复尝试。

接下来，利用尝试打电话或向上级汇报等和他人有关的工作进行训练。因为有了对方的存在，这一训练会比上一训练有难度。也许会出现无论自己解释得再清楚对方也无法理解的情况，或者遇到意料之外的难题，工作无法顺利开展。

即使如此，通过上述情况，也能有宝贵的发现，如“先用邮件发送部分信息，再打电话进行说明，会比平时更顺利”，“一大早向上级汇报，上级由于时间充裕会追究无用的问题，在下午最忙的时候汇报更好”。

最后，进行如休息或开会等和多人有关的工作训练。例如，将通常为60分钟的会议缩短到30分钟。

我们反复提到，顶尖领导者认为“苦恼的结果是相同的”。无法轻易决定是因为还有需要深究的问题。如果将问题进行梳理也无法得出结论，也许说明现在还不是决定的最佳时间。

总之，苦恼是浪费时间的。将这一看法进行渗透，分享给所有人，将更简单地提高会议效率。

顶尖领导者能在规定时间内完成最精彩的讲话

顶尖领导者都是有时间观念的人，十分擅长在规定的“× 分钟”内完成工作。

例如，我在做采访的时候，忙碌的领导们通常只能给我“15 分钟”的采访时间。即便如此，领导们也能完全按框架进行谈话，并且让我感受到“非常庞大的信息量”。他们从来不以“没有时间”为借口，而是认真地满足我的要求。

我们经常可以看到，顶尖领导者在“三分钟”派对致辞时，介绍起承转合的轶事，带动会场的气氛，展现着顶尖领导者的雄姿。此时，他们既是领导也是演员。当然，他们从来不会超时。

遗憾的是，外国顶尖领导者显示出的演讲能力更高，日本顶尖领导者似乎有些落后。因此，在结婚仪式上，我们经常可以看到“伟人”的致辞大幅超时，来宾们都感到厌烦，“到底什么时候才能举杯呢”。

大多数外国顶尖领导者在学生时代都有辩论的经历，切身体会并学习到“如何在最短时间内，让对方理解自己的观点，承认自己的主张”这一行动的重要性。这样的经历对致辞和演讲十分有利。

六大高效时间术之四：记住重要数据，随时进入“即战力[1]”模式

大量信息帮助掌握话题

提高商业初速，是顶尖领导者的时间术之一。

他们通过记住重要的数据，可以回答各种临场问题。记住必要的数据，可以节省搜索资料的时间。

演讲或商谈时，一般人需要根据指定的时间点做相应的准备。顶尖领导者与一般人的区别在于，他们无需特别的准备，可以随时进入（商业）战斗模式。他们做好了随时战斗的准备。

根据业界的不同，必要的信息也有所不同。对商人而言，主要国家过去几年的GDP、国际竞争力排名，所

1 “即战力”是指无论何时何地，即刻就能投入工作的战斗力。

在企业、客户企业的净利润等，是作为商人必须掌握的信息。

此外，掌握雷曼兄弟破产等对世界经济而言重要的话题，包括其后的股价动向等，将有助于谈话的推进。经济对话不仅限于话题本身，“正因为××，这家企业才以进入中国为目标”“×美元，大概是我们公司净利润的5倍”等，掌握的信息越多，越容易通过类推把握全局。

世界一流企业通过费米悖论测试“即战力”

麦肯锡和谷歌的面试中经常出现“费米悖论”。

大家可能见过以下几个著名的问题：

“美国有多少下水道井盖？”

“你现在的身高全世界排名第几？”

虽说如此，费米悖论问题都是毫无根据的，让被测试者感到：“通过这个问题，到底想考验自己什么呢？”

实际上，这些问题没有正确答案。

但是通过回答这些荒诞的问题，可以观察到面试者掌握的信息量、如何利用这些信息解决毫无根据的问题，达到测试面试者“即战力”的目的。

面对这些没有正确答案的问题，测试者可以通过脑海中已有的世界人口、世界面积等数据，推导出“与正确答案相近的数字”。

“如果是从奇怪的数字推导出的答案呢？”独特的分析视角也能得到高评价。世界一流企业是在寻求“可以随时进入即战力模式的人才”。

当今时代，想要的数据都能在网上搜索到。正因为如此便利，大家就很容易忘记“记忆”的重要性。将数据记忆在脑海中，与“搜索数据”是天差地别的。如果一一搜索是浪费时间的话，尽可能记住数据的习惯则是百无一害的。

我们无须费心去记忆偶尔才用到的数据，但记住手头项目的关键数据，就无需再麻烦他人查询了。

竹中平藏先生的聊天让人忍不住做笔记

手头拥有大量数据的顶尖领导者，都是聊天的达人。在与他们聊天时，我常常惊异于他们庞大的知识量。

说到聊天达人，我首先想到的便是经济学家竹中平藏先生。他总能为我们带来精彩的谈话，甚至让人忍不住做笔记。竹中先生善于将自己的经历与对社会现状的分析相关联，进而给出新的观点。

例如，他曾说，“我曾在大学遇到过说这话的学生。未来是 ×× 的时代，这个学生一定会在未来崭露头角”。竹中先生的话，启发我们用身边事解读未来，让人醍醐灌顶。

或许因为竹中先生是教授，所以他在聊天时并非独自侃侃而谈，而会考虑全局，听取他人的意见，问我们：“你是怎么想的？”在场的人不仅感到“听到了宝贵的内容”，还能感到自己亲身参与到讨论中的充实感。

有名的投资人吉姆·罗杰斯（Jim Rogers）被称为“美国的竹中平藏”，也是一位优秀的话题提供者。在普通访谈中，他会毫不吝惜地谈到对市场的分析，作为记者我常希望能直播时再说。

然而，当那样的大人物都提供了大量的信息后，在场的每个人都会将自己手头的信息全部公布出来。

“聊天达人”不断充实着手头的数据，再补充自己独到的分析，自然就会形成优质信息不断积累的良性循环。

六大高效时间术之五：用笔写下日程，贯彻“可视化”

随身携带怀表而不是数码电子表

众所周知，时间是不可见的。但是，顶尖领导者却能看见时间。

并非他们拥有超能力，而是他们使用一些小技巧，将原本不可见的“时间”进行了可视化。

大多顶尖领导者都委托秘书在云端管理日程。由于他们的日程影响着下属的日程，因此他们的日程是与下属共享的，下属能够随时获取。

除了在云端管理日程，几乎所有顶尖领导者都有携带笔记本的习惯。根据工作性质不同，有人习惯用月历式日程本，便于总览整月的日程；也有人习惯用蛇腹型的年历式日程本，便于把握整年的日程。

还有人习惯将一天24小时制成日程表，仿佛石英钟一般画着圆圈，自己在什么事情上花费了多少时间都一目了然，24小时不断累积，各个小时之间区分得清清楚楚。

由于日程也兼有“宏观”与“微观”两种视角，因此也有人习惯同时使用月历式日程本与日历式日程本。

此外，比起数码电子表，顶尖领导者更习惯使用指针型手表。也有人习惯用怀表。

能直观感受到时间流向的工具

这些工具的共同点是“能直观确认时间的长短和流向”。

顶尖领导者将自己的日程具象成图像，深深刻印在脑海中。

他们通过看到时针的转动，切身感受到“又过了15分钟”“还有20分钟”等时间的流动。

日历和钟表是模拟时间流动的工具，比起在数码电子表或云端上显示的“现在是几点”“今天是几号”，日历和钟表的视觉效果更佳。因此，使用日历和钟表的人自然会对时间更加敏锐。

也有许多顶尖领导者会使用高级钢笔作为工作道具。在采访某位社长时，我听说他的钢笔是就任社长时，他的夫人赠予的。

然而，在日程本上书写日程时，很多人都习惯使用铅笔或自动铅笔。Monex证券的社长松本大先生就是其中一人。曾经在杂志上看到过，他使用的是兼有圆珠笔和铅笔功能的“多功能笔”。或许因为松本先生重视商品的实用性，他使用的笔我们也能随时买到，并非名贵之物。

当日程改变时，铅笔字可以擦掉重写。但是顶尖领导者最重视的，是铅笔字不像钢笔字或圆珠笔字一样遇水会浸染。对顶尖领导者而言，写下日程的举动也意味着刻印时间。

在日历或日程本的选择上，从事跨月度等长时间工作的人，通常选用年历式日程本，从事短时间工作的人，通常使用2周式日程本。根据工作性质的不同，适合自己的日程本是不同的。

一周是从周日开始，还是从周一开始，这一点在日程被具象成图像时也十分重要。

在选择相关工具时，坚持一直以来的习惯是没有意义的，“让时间成为伙伴”才是主要目的。

让我们试着从“视觉（直观）把握时间”这一角度出发，重新审视自己使用的“时间工具”。

日程本、日历、笔、时钟、手表等可以“看见”时间的工具，与我们支配时间的感觉密不可分。

六大高效时间术之六：一天迎接数次清晨，催生“最佳工作状态”

不要局限在“一天”的时间框架中

我们都希望无论何时都能保持最佳工作状态，但工作状态受到工作环境的影响。有时我们会因为个人原因感到压力，导致工作无法顺利进行；又或者因为身体状况、天气、气温、时间段，工作状态受到影响。

如果遇到上述状况就轻易放弃，那么我们永远无法让时间成为伙伴。我们应该像顶尖领导者那样熟知自己的“最佳工作状态规律”，成为永远能 120% 完成工作的人。

“睡眠时间”是影响工作状态的主因

睡眠时间存在着个体差异，有些人必须睡足 8 小时才会精力充沛，而有些人睡 3 小时就足够了。那么首先，让我们找到自身最舒适的睡眠时间与入睡时间。

从晚上 9 点睡到 12 点，起来工作 3 小时后，再从凌晨 3 点睡到 6 点……可以尝试这种看起来十分不寻常的时间组合。

许多顶尖领导者都拥有独特的“自我时间”。他们不会将自己局限在“一天”的时间框架内。

如果“早晨拥有最佳工作状态，是自己的黄金时间”，顶尖领导者会在一天 24 小时内重复好几次短时间睡眠，这样一来，身体仿佛每天能迎来好几次“早晨”。

史蒂夫·乔布斯从不睡 8 小时的原因

众所周知，苹果的创始人史蒂夫·乔布斯有着独特的睡眠习惯。他认为睡眠等同于长时间停止思考，这种状况是十分可怕的。

因此，他从不集中睡8小时，而是一天睡2次，每次4小时。

有些领导认为“晚上写文章效率更高”，就会选择睡午觉来为晚上做准备。

近年来，午睡恢复精力的效果备受瞩目。越来越多的顶尖领导者注意午睡的效用，开始在生活中导入午睡。也有人根据加利福尼亚大学的研究“90分钟的午睡相当于整晚的睡眠”，减少了晚上的睡眠时间。

增加午休更高效

赫芬顿邮报（The Huffington Post）的创始人阿里安娜·赫芬顿（Arianna Huffington）不会减少夜晚的睡眠时间，但是热衷于通过午休让自己保持最佳工作状态。

她甚至在公司里设置了专用的午休室。

或许她早已知晓午休的效用。

如第2章所述，许多顶尖领导者都是短睡者。他们通过在健身房锻炼、慢跑来增强体能，拥有“短时间睡眠也能保证体力的强健体魄”。他们认为“为了以后能坚持少睡 3 小时，现在跑步 1 小时是最划算的投资”。

对在公司上班的职场人而言，想要无视自然时间，以“自己的时钟”工作，极端地减少睡眠时间是十分困难的。但是，我们可以试着做一些大胆的尝试，找到能维持最佳工作状态的睡眠时间。

从下午第一场谈判开始冲刺

饮食也极大地左右着工作状态。例如，有些人一旦空腹就无法集中精力，那么就需要在早上和下午最饱的时候，更加用心工作。如果条件允许的话，可以携带一些零食，使自己不出现空腹状态。

与此相反，在饱腹状态下，血液过度集中在内脏，脑部活动减弱，容易犯困。因此，选择水果等不会给肠胃增加过重负担的食物，或者提醒自己午饭后马上就有工作要做，可以避免工作效率低下。

根据个人不同，可以选择从处理不费脑力的简单事务开始逐步提高工作速度，也可以选择从紧张的谈判开始，有意识地给自己增加负担。但是，顶尖领导者通常在效率下降的时间段里，加入繁重的工作进行冲刺。

工作环境影响工作效率

工作的场所和时间段也十分重要。

有人在咖啡厅喝茶放松的时间里，容易出现灵感；也有人把工作带回家，早上在家工作的效率更高。

当然，在公司工作的职场人很难自由选择工作环境，但最近越来越多的公司意识到工作环境影响着员工的工作状态，在专用办公桌以外，设置了自由工作空间。

在公司内部也可以改变工作环境。

通过改变开会的地点，能使交流更加踊跃。工作遇到瓶颈时，稍加放松也是十分有效的。

也有越来越多的企业导入弹性工作时间制，让员工自由选择工作时间段。

现在，IT企业的经营者主要采用年轻合理的经营思维。这样的企业一旦做出一定成效，将会有更多企业效仿他们的模式。如此一来，将会有越来越多的职场人成为使用时间的达人。

为了不让最佳工作状态成为“偶然”状态，应该勇于试错，发现成功的规律。

唯有知己，才是发现让时间成为伙伴的捷径。

【小专栏】

睡眠习惯——当日消化负面情绪，带着正面情绪入睡

顶尖领导者通常是积极乐观的人。即便是事业受挫或举步维艰的时候，也不会满腹牢骚。他们永远不会下定论说“已经不行了”。也不会对家人或下属展示自己软弱的样子，以免他们受到自己负面情绪的影响，一同消沉。来自家人和下属的支持，是他们最害怕失去的。

说到“充满正能量的人”，我首先想到的是SAWAKAMI投资公司的创始人泽上笃人先生。想必很多人都记得90年代末期“SAWAKAMI风潮”中泽上笃人先生独特的说话语气。他不像演员，语气十分“朴素”，却成了他独一无二的特点。实际上泽上先生是一位极度乐观的人，即便是在公司的投资产品价格暴跌时，他也只是大笑着说“没问题的，没问题的”。

苦恼是最浪费时间的。对于统率大军的顶尖领导者而言，乐观是必要的资质。

那么，他们是如何抑制负面情绪，保持乐观的呢？他们善于利用睡眠完成情绪的切换。睡眠对于恢复脑力

与体力上的疲劳是极为重要的。高质量的睡眠可以分解体内的压力荷尔蒙，带来精力无限的早晨。

但是，如果带着压力入睡，便无法安眠，还会影响第二天的工作状态，产生恶性循环。

因此，有些顶尖领导者无论怎样苦恼，都会在入睡前将其转换为正面情绪，告诉自己“今天也是很棒的一天”。也有顶尖领导者在入睡前提醒自己的人生目标，制定第二天需要达成的计划。伴随他们入睡的是改进问题的方案，而不是问题本身（针对同一问题，消极视角和积极视角看待问题的结果是截然不同的）。如此一来，不仅第二天愉悦地清醒，还能在入眠时整理脑海中的信息，得到解决问题的灵感。

让我们试着养成每天在入睡之前消化负面情绪的习惯吧。

终

我之所以对世界级顶尖领导者的时间术感兴趣，是因为惊异于他们能妥善处理日程上的每分每秒。

他们到底是如何用悠然之态来处理日程的呢？

当时总是被日程追赶的我，总会在采访时默默观察，有时还会得到他们亲授的秘诀。

在学到了他们的一些技巧后，我开始将之运用在自己的生活中。

其实这些信息一开始都是为了自己而收集的。

我最初学到的时间术，是找到自己的最佳工作状态，自己在何时容易身体不适，睡几个小时状态最佳。在此之前，我是所谓的“体力决胜负”的支持者。“让体力去适应工作”，我用这种愚笨的方法，重复着自己的日程。

于是自然出现了因为体力不支而卧床不起的情况，也因此损失了大量时间。因为人的体力是有限的。

当我开始观察自己的身体状况后，我发现自己的最佳睡眠时间是6小时。睡少了容易疲劳，睡多了不容易清醒。

当然，即便了解到自己的最佳状态，受到工作、孩子或者失眠的影响，并非每天都能睡足6小时。但是，因为有了“6小时”这一目标，我开始注意时间进行午睡，或者提早结束工作，避免自己在状态不佳时持续低效地做无用功。活用时间，是了解自己的过程，“做不到就是做不到”也是某种程度上的妥协。

受到顶尖领导者的影响，我对购买时间这一行为的罪恶感也减少了。以去采访现场是选择乘电车还是乘出租车为例。

如果“车费太奢侈”的感觉太强烈，我会首选电车。但是出租车也有如下优点：可以不急不慢地过一遍资料，离目的地时间充裕时，还能调整好采访时的精神状态。

与此相反，如果急急忙忙赶到目的地，肯定会令同事与采访的对象感到不安。不仅是采访，我的许多工作都与他人密切相关。调整自身的状态，不仅是为了自己，在某种意义上也是一种基本的商务礼仪。

这样想来，乘坐出租车对于提高工作效率是必要的投资。通过理解“时间投资”这一理念，能为自己的选择省去不必要的借口。

同样是受到顶尖领导者的影响，我在选择咖啡厅时会以工作能否顺利进展为前提。

在多次采访同一领导时，我发现他们每次都指定同一会员制房间为访谈地点，点的饮料也相同。

会员制房间只有会员能进人，不会受到采访外人员的影响。采访时，所有的工作人员都熟门熟路，一切井然有序。虽说略显奢侈，但他们相信“自己的时间是最宝贵的”，这样的选择是最具价值的。一旦能定下几处这样的场所，便可以避免在“寻找”“犹豫”上浪费时间。

虽说我没有使用过会员制房间，但在东京找到了好几处“虽说价格偏高，却能令人专注工作的咖啡店”。

比起价格低廉的咖啡店，选择前者时工作的效率确实更高，并且良好的环境还能缓解工作的紧张情绪。这才是最难得的。

在孩子出生后，我才开始意识到“多任务”。例如，我会一边做家务，一边看工作VTR；在网上订书的时候，也会顺便购买必要的家庭用品；需要集中精力用电脑工作时或写稿时，通常会关闭邮件的会话框；在查资料等无须过于集中精力时，就会将电脑屏幕一分为二，一边用来回邮件，一边用来查资料。

此外，我采访前习惯阅读采访对象的相关书籍，实在没有时间的情况下，会选择购买主题类似的CD，用“耳朵”准备采访。

在意识到多任务后我才发现，我们在无须集中精力工作的时候，“耳朵”往往是放空的。因此，我会利用早晨出门前、做家务时、上下班途中等各种零散的时间，收听CD，完成采访的准备工作。

本书反复强调，“直面时间”的心态是最重要的。品读、享受、尽用当下的每个瞬间，充实的时间就会结出丰硕的果实，充实我们的人生。

我们不应该被时间支配，而应该意识到时间的存在，与其共同前进。这就是顶尖领导者的时间术。让我们以书中的技巧为武器，拥有完美的工作与人生吧。

作者